U0640947

大数据+生鲜农产品电商物流协同研究

张天琪　王力红　著

中国财富出版社有限公司

图书在版编目（CIP）数据

大数据＋生鲜农产品电商物流协同研究/张天琪，王力红著. —北京：
中国财富出版社有限公司，2024.6

ISBN 978-7-5047-7213-8

Ⅰ.①大… Ⅱ.①张…②王… Ⅲ.①农产品—冷冻食品—电子
商务—物流管理—研究—中国 Ⅳ.①F252.8

中国版本图书馆 CIP 数据核字（2020）第 155685 号

策划编辑 郑欣怡	**责任编辑** 刘 斐 陈 嘉	**版权编辑** 李 洋
责任印制 尚立业	**责任校对** 杨小静	**责任发行** 敬 东

出版发行 中国财富出版社有限公司	
社 址 北京市丰台区南四环西路188号5区20楼	**邮政编码** 100070
电 话 010-52227588 转 2098（发行部）	010-52227588 转 321（总编室）
010-52227566（24小时读者服务）	010-52227588 转 305（质检部）
网 址 http://www.cfpress.com.cn	**排 版** 宝蕾元
经 销 新华书店	**印 刷** 宝蕾元仁浩（天津）印刷有限公司
书 号 ISBN 978-7-5047-7213-8 / F·3664	
开 本 710mm×1000mm 1/16	**版 次** 2024 年 6 月第 1 版
印 张 13	**印 次** 2024 年 6 月第 1 次印刷
字 数 213 千字	**定 价** 78.00 元

前　言

　　大数据技术作为新时代的核心驱动力，正在逐步渗透并重构整个生鲜农产品全产业链，特别是在精准预测、仓储管理、智能调度、冷链物流配送等方面的应用日益显现其不可替代的优势。我国政府高度重视农业现代化与数字经济的融合发展，积极推出一系列相关政策以推动大数据技术在生鲜农产品电商物流领域的应用。《数字乡村发展战略纲要》明确指出，要利用大数据、云计算等现代信息技术，提升农村电商、智慧物流等服务效能；《"十四五"推进农业农村现代化规划》强调了构建基于大数据的农产品供应链管理体系的重要性，明确大数据在生鲜农产品电商物流中的战略地位和关键作用；2024 年中央一号文件中，鼓励有条件的省份统筹建设区域性大数据平台，加强农业生产经营等涉农信息协同共享。政策导向旨在通过大数据赋能，实现农产品从生产到销售全流程的信息透明化、决策智能化和服务高效化，进而促进农业产业结构优化升级，保障食品安全，助力乡村振兴。在政策大背景、消费大需求、电商面临大问题和亟待创新的新形势下，农产品电商上行之路急需进一步创新和完善，生鲜电商物流如何利用"互联网 +"、大数据等信息化技术破解物流痛点，打造一个全新的生鲜农产品物流链协同体系去面对席卷而来的"零售"新浪潮，是电商和生鲜农产品物流学者们需要研究的重大课题。本研究聚焦于大数据与生鲜农产品电商物流的协同发展，其首要目的在于深入探讨大数据如何驱动生鲜农产品电商物流模式创新，优化资源配置，提高物流效率，降低损耗率，满足消费者对新鲜、安全、便捷的需求。另外，通过构建和完善大数据支持下的生鲜农产品电商物流服务体系，有助于打破地域限制，拓宽农产品销售渠道，增加农民收入，切实解决"最初一公里"和"最后一公里"的问题，对于推动我国农业高质量发展，实现城乡经济均衡发展具有重大现实意义和长远战略价值。

本研究得到了来自各级政府部门、科研机构、业界同行以及众多一线从业者的鼎力支持，心怀感激！期待研究成果能够为政策制定者、企业家、学术界提供参考，共同促进我国生鲜农产品电商物流行业的持续健康发展，使其在数字科技力量的引领下更好地服务于社会大众，为建设更加绿色、智慧、普惠的现代农产品物流体系贡献力量。由于对大数据的理解和认识水平有限，本书难免有疏漏之处，欢迎读者和同人不吝赐教！

作　者

2023 年 10 月

目　录

1 绪论

1.1 研究背景

在全球经济一体化、互联网技术愈加成熟的背景下，电子商务作为一种新型的贸易模式发展迅速，并对各国经济的影响深远。2022 年，电子商务模式与业态选代创新，即时零售、直播电商、短视频电商、社区团购等新业态加速演进，无人零售、大规模订制、小程序电商等新消费场景不断涌现。电子商务拉动消费增长的作用持续提升，为消费者提供了层次丰富、形式多样的消费选择，推动人民生活水平从全面小康向更高目标迈进。电子商务无接触、线上化的独特优势契合统筹疫情防控与经济社会发展的要求在防疫保供和稳定物价方面发挥了重要作用。"数商兴农"深入实施，电商惠农机制不断创新，助力巩固拓展脱贫攻坚成果同乡村振兴有效衔接。电子商务催生了一批新的职业形态，成为许多年轻人创业的主阵地、增加居民收入的新渠道。可以看到，电子商务作为数字经济的重点领域，正在从消费端向生产端、供给端快速推进，通过数实融合重构产业链与价值链，帮助传统农业产业转型升级。2023 年中央一号文件提出，加快农业农村大数据应用，推进智慧农业发展，深入实施"数商兴农"和"互联网+"农产品出村进城工程，鼓励发展农产品电商直采、定制生产等模式，建设农副产品直播电商基地。近几年，《"十四五"电子商务发展规划》《国务院办公厅关于印发"十四五"现代物流发展规划的通知》《数字乡村发展战略纲要》《数字乡村标准体系建设指南》《国务院办公厅关于印发全国一体化政务大数据体系建设指南的通知》《中共中央 国务院关于构建数据基础制度更好发挥数据要素作用的意见》《中央财办等部门关于推动农村流通高质量发展的指导意见》《关于支持加快农产品供

应链体系建设 进一步促进冷链物流发展的通知》《中共中央 国务院关于做好2023 年全面推进乡村振兴重点工作的意见》等系列政策密集出台，鼓励农业电商、农产品流通、冷链技术发展，推进农业数字化转型。农产品、乡村电子商务逐渐成为我国农业乡村振兴的重要内容，成为农业经济发展的新方向，政策引领为生鲜农产品电子商务（以下简称"生鲜农产品电商"）大发展带来历史性机遇。

目前，消费升级带来的不只是消费金额的增长，更是消费趋势的巨大变化，为生鲜农产品电商发展注入新活力。中国未来 5~10 年主流消费会发生根本性变化。家庭生鲜采购权的更替使购买人群正在从 70 后向 80 后过渡，需求端从"奶奶""妈妈"过渡到 80 后、90 后及 00 后的"Z 世代"。这一代是在互联网时代生长起来的群体，对于网络购物更为熟悉，他们有更加明显的个性标签：越来越注重生活品质，越来越注重精神消费，越来越注重个人兴趣，越来越注重健康，追求精简和平衡。家庭结构正在从大家庭向小家庭过渡，这意味着他们需要的是小规格和更为丰富的生鲜食品。此外，品质和便捷性同样成为现在及未来消费者对于生鲜购买的需求特征，这就对生鲜农产品电商物流的时效性和安全性提出了更高的要求，这些要求需要电商物流在专业性、运作效率等方面不断提升。对消费者来说，选择网络电商平台购买生鲜农产品主要关注以下几个方面。一是产品质量问题，包括产品鲜度、完好性等。二是配送交货标准性问题，农产品分类与分级标准化不够，物流配送非标准性，使流通中质量保证难，保证"生鲜"难，交货时也无法说明产品是否符合购买需求。三是冷链配送即时性问题，生鲜农产品电商的快速发展需要良好的冷链物流仓储、运输、配送体系作为支撑；但目前我国冷链物流发展时间短，很难实现全程、全产品覆盖的现代化冷链物流，冷链物流的发展速度远远跟不上农产品电子商务的发展速度；我国能实现全程冷链现代化物流的企业非常少，农产品物流配送公司也呈现规模小、层次低、联合力弱等特征，生鲜农产品电商终端的配送服务能力也较弱。四是消费者知情权问题，由于质量追溯存在信息不对称、质量追溯难问题，老百姓缺乏信任感。价格优势并非生鲜购买的唯一动因，便利的方式和丰富的产品成为推动生鲜发展的重要动力。对于如何吸引更多的消费者、提高生鲜农产品电商的市场渗透率、寻找高效精准且可持续的生鲜农产品电商模式的研究成为迫切需要解决的课题。而下游终端消费者与电商的重要接触点就是电商物流，这是吸引消费者复购的重要因素之一。因此，某种程度上，电商物流是决定电商胜负的关键，也是目前需要解决的重要瓶颈。

历经 20 多年的发展，我国继图书、服装、3C 电子产品三大电商热潮后，现已进入第四轮电商热潮。2019 年中共中央办公厅、国务院办公厅印发了《数字乡村发展战略纲要》，标志着中国生鲜农产品电商已经进入数字农产品发展的新时代。随着农村电商的基础设施建设逐步完善，"农货上行"领域也出现了新的探索。农村电商的发展将继续释放农村生产要素，推动农民增收，创造乡村就业机会，促进人才回流，以数字农业发展模式助力农村地区产业结构转型升级，实现电商兴农、乡村振兴。

但生鲜农产品电商"看上去很美""不做生鲜等死，做了生鲜找死"的现状令无数电商困惑。巨大而诱人的生鲜市场"蛋糕"背后，却存在着生鲜农产品电商平台大面积亏损的事实。据速途研究院分析，生鲜农产品电商行业在近几年的发展显得有些不尽如人意，有关数据表明，全国 88% 的生鲜农产品电商企业处于亏损或暂时亏损状态，7% 的企业则是在巨额亏损之中，4% 的企业持平而实现盈利的仅占 1%，且每年都有部分生鲜农产品电商倒闭转型，生鲜农产品电商行业在发展过程中暴露出许多亟待解决的问题。依靠烧钱补贴和价格战已经无法支撑，市场进入洗牌期，资本集中、资源整合、运营更加精细化、模式多样化成为市场新特点，打磨供应链和打造冷链物流成为资金新流向。以淘宝、京东为代表的传统电商完成了培养居民网上消费习惯的第一阶段，在这一阶段出于各种原因，进一步发展遭遇瓶颈。目前，我国的农产品产业链，供应链正处于数字化、电商化转型的关键时期。电商化处理能力的限制却制约着"小生产"与"大市场"的有效对接。一是生鲜农产品自身属性特点造成电商运营难度高；在产品属性上，与其他行业的电子商务产品相比，生鲜农产品一般易腐烂、体积比较大、保存条件苛刻、冷链运输成本高、运营难度较高。二是由于传统电商平台大数据应用不到位，交易品种、数量、价格和地区分布等产销信息数据没有及时传到农村生产端，或缺乏数据分析、生产指导、采购咨询等功能，生鲜农产品上行模式一直存在着产销对接不畅、冷链物流等功能不够完善的桎梏。三是农村和农业的互联网基础相对薄弱，也在客观上造成了农产品网络进城难；数据显示，中国农村地区互联网普及率仅为 38.4%（城镇地区为 74.6%），且仍有 5% 的贫困村没有通网。四是电商人才短缺、农业产品缺乏标准体系和产业规模等因素，也都造成了中国农产品网络上行难的问题。五是物流网络效率不高，冷链物流"不冷"、断链现象也比较严重；主要原因是产地相关基础设施仍需完善。农产品产地的预冷、加工、仓储等关键环节设施不足，全国主要果蔬产区商品化设备使用率有待提升，需改善农产品"最初一公里"的薄弱环节。据相关数据显示，我国每年消费的易腐食品超过了 10 亿吨，其中需要冷链运输的超过了 50%，但是我国综合冷链流通率远低于欧美等发达国家。冷链行业从 1.0 时代的无货架、无托盘、无叉车的"三无"阶段，到 2.0 时代的有温度、有网络、有系统的"三有"阶段，现在发展到 3.0 时代的无人化、智慧化、定制化的"三化"阶段。市场需求的旺盛，让冷链物流发展成为必然的趋势。我国冷链市场依然呈现出平稳较快增长的态势，政府对冷链领域的关注上升到前所未有的高度，接连出台有力度的扶植政策，2017 年被行业称为"政策年"。冷链行业的竞争愈演愈烈，跨行业大鳄加入战局与业内抱团合作，强强联合成为行业热点。新零售的发展驱动着线上线下进一步融合，带来冷链市场增量。

农产品上行作为农业供给侧改革的驱动力和振兴农业经济的引擎，其快速发展必将带动冷链物流的发展。但随着传统电商线上流量红利的消退、消费升级趋势的加速推进，生鲜农产品电商物流带有显著的电子商务特征，农产品运输从传统的大宗货物干线货运发展为小批量、多频次的冷链物流运输。消费者多样化、快速响应、高标准的市场需求，就对农产品冷链物流提出了更高层次的要求。生鲜农产品电商和物流已经成为农产品供应链上众多环节中的两个核心环节，但这两个环节在产业环境、组织文化、技术能力、信息传递等诸多层面所涉及的标准、规范、规则上存在着广泛的不一致性，极易导致两者之间的不协同，并影响农产品供应链的整体利益。具体表现为：当生鲜农产品电商市场发生变化时，不能及时调整运作计划以快速响应市场；物流服务水平低下、野蛮装卸、冷链不冷等造成运输货物受损、物流成本增加；信息不对称使订单需求信息沿着供应链从下级向上级逐级放大，造成供应链各环节库存成本增加，形成"牛鞭效应"，严重损害供应链中各合作伙伴的利益；信息技术应用程度低，供应链运作和管理效率低下等。因此，研究生鲜农产品供应链中的物流与电商协同机制，对于实现供应链的整体功能和效用具有十分重要的意义。

在市场投资收紧并向供应链和冷链物流头部聚拢的环境下，幸存下来的生鲜农产品电商发挥自身优势，寻求不同发展模式，巨头企业探索线上线下融合，新兴电商谋求精细化运营出路，冷链物流需要多方协同运作，提高生鲜农产品电商物流供应链效率，降低成本谋求发展。在政策大背景、消费大需求、电商面临大问题和亟待创新的新形势下，农产品上行之路亟须进一步创新和完善。生鲜农产品电商物流如何利用"互联网+"、大数据等信息技术破解物流痛点，打造一个全新的生鲜农产品物流供应链协同体系去面对席卷而来的"零售"新浪潮，是电商学者们需要研究的重大课题。

1.2 研究的目的与意义

互联网时代下，便捷的网上购物方式、电子商务模式不断向人们的生活渗透，各国的学者们也开始将研究方向转向顾客购买影响因素的研究，但针对"消费者+生鲜农产品+电商+物流协同融合"的研究并不多见。对于生鲜农产品电商企业而言，生鲜农产品从产地到达最终消费者的物流运输过程中保持新鲜是实现其产品价值的根本，因此生鲜农产品电商发展首要关注的问题是如何高效率，高质量和安全地把生鲜农产品交给消费者，这一过程需要高效冷链物流体系来支撑的。而由于我国冷链物流发展起步较晚，尚未形成完善的冷链物流体系，这成为生鲜农产品电商发展的一块短板。通过互联网进行商业交易是"虚拟"的经济过程，最终的资源配置需要通过商品的实体转移来实现，否则就不会真正地实现信息流、商流和资金流的三流合一。只有通过现代物流配送，将商品或服务真正转移到消费者手中，商务活动才能结束。现代物流是电子商务实现"以顾客为中心"理念的最终保证，是增强企业竞争力的一个有效途径，电子商务要想快速发展离不开物流体系的高效发展，物流是电商实现的最重要一环，物流不但影响消费体验，而且直接影响消费产品的质量。因此，对生鲜农产品电商物流进行管理的实质是各环节之间形成协同和共赢，一旦生鲜农产品物流链各环节间在协同上出现问题，不但会影响整个生鲜农产品供应链的顺畅运作，还会影响整个农业和农村经济的发展。

本研究是在大数据背景下，本着分析消费者需求—深究痛点—破解痛点的思路，以生鲜农产品电商物流为研究对象，以实证为研究方式，在正确认识生鲜农产品、电子商务和物流特征的基础上，借鉴消费者行为理论、消费者认知和需求理论、网络营销理论、农产品的供需等理论，将生鲜农产品电商理论与生鲜农产品消费发展的实际情况结合起来开展研究。首先了解消费者对生鲜农产品网购物流的意愿及行为特征，调查物流对购买行为影响的比重，特别是消费者对线下物流的一些观点和看法，提炼出物流对消费者网购行为决策的影响因素。其次从产品特性、配送物流、消费满意度、营销等方面深入分析当前生鲜农产品电商物流发展中存在的问题。最后通过探究生鲜农产品电商物流体系的构成要素，有针对性地提出生鲜农产品电商企业物流协同能力的提升策略，并从资源整合、可视化质量追溯、精准营销等视角出发，提出全供应链下以大数据为基础的生鲜农产品电商物流协同创新发展模式，为促进电商物流服务效率的提升，推进其健康快速发展提供依据。

实际意义：本书提出的以大数据为基础的生鲜农产品电商物流协同创新发展模式，能够促进电商物流服务效率的提升，并为供应链上生鲜农产品电商物流及其他企业协同发展提供借鉴；以消费者对健康产品与优质服务的需求为驱动力提出的对策及建议，可为生鲜农产品电商企业的可持续发展提供参考。

理论意义：通过梳理电子商务国内外相关研究文献，总结归纳生鲜农产品电商物流研究成果，为生鲜农产品流通理论研究提供较系统的理论支撑；以大数据资源为核心，同时基于协同学理论探究生鲜农产品电商物流体系的构成要素，从而丰富和完善物流协同的研究领域。

1.3　研究内容

本书的研究内容主要从以下几个部分展开。

第 1 章　绪论。该部分首先阐述了本书的研究背景、目的、意义，然后介绍了本书的研究内容，最后介绍了本书的研究技术路线和研究方法。

第 2 章　概念界定与理论支撑。该部分首先对生鲜农产品、生鲜农产品电子商务、电商物流、物流协同等概念进行界定和介绍，并对其特征进行分析；其次介绍马斯洛的需求层次理论、消费者认知与购买决策理论、服务质量理论、资源依赖理论、商物分离理论、效益背反理论、第三利润源、协同理论等相关理论，为后续研究提供理论支撑；最后对研究文献进行综述。

第 3 章　生鲜农产品电商行业发展环境。从法律法规及政策环境、经济环境、社会环境、科学技术环境等方面进行分析，生鲜农产品电商行业正处于快速发展的时代，也是富有挑战性的时代。

第 4 章　国内外生鲜农产品电子商务发展现状。对国外生鲜农产品电商做得比较成功的美国、英国、德国、日本现状进行分析，并提出值得借鉴的建议。对于国内，本书主要分析了生鲜农产品电商发展阶段、规模、格局、品类等发展现状，并从规模、非标性、利润方面深度分析其面临的痛点。

第 5 章　生鲜农产品电商物流现状。从冷链物流入手，分析政策环境、市场规模，进一步分析生鲜农产品冷链物流市场、电商物流市场、生鲜农产品电商物流的重要性和要求；分析生鲜农产品电商物流模式分类，对重资产模式——生鲜农产品电商自营物流、生鲜农产品电商第三方物流模式、物流联盟型运营模式、自营物流与第三方物流结合的混合物流模式、众包物流模式的优劣进行深度分析，为后面创新模式的提出奠定基础。

第 6 章　生鲜农产品电商消费者调研实证分析。采用问卷形式对生鲜农产品电商消费者购买欲望、质量满意度、消费者对末端物流满意度进行调研，以消费者需求为驱动力，为生鲜农产品电商物流协同服务模式选择提供参考。

第 7 章　生鲜农产品电商物流存在的问题。基于企业角度，从规模、利润、信息化等方面剖析生鲜农产品电商物流面临的痛点；基于消费者角度，从生鲜农产品电商市场占有率低、每单单价低、消费者支付配送费意愿低、消费者对物流满意度低等方面提出生鲜农产品电商物流末端配送存在的问题，为协同模式构建和建议选择提供解决的目标。

第8章　大数据在生鲜农产品供应链及物流领域中的应用。大数据在生鲜农产品供应链领域中的探索性应用包括大数据概念与特征、大数据在农产品生产及物流领域的应用，这为协同创新模式的提出提供可行性借鉴。

第9章　大数据＋生鲜农产品电商物流协同。本书提出生鲜农产品电商供应链协同，同时提出生鲜农产品电商物流协同的目的、存在的问题和要求，进一步从生鲜农产品电商大数据角度分析数据特征、大数据对生鲜农产品电商物流协同的影响，为以大数据资源为核心的电商物流协同研究奠定基础。

第10章　生鲜农产品电商物流协同模式探讨。基于供应链的生鲜农产品物流大数据平台，本书提出大数据下的生鲜农产品电商物流协同模式，实现生鲜农产品电商物流协同模式创新。

第11章　生鲜农产品电商物流协同发展对策建议。主要从企业角度、消费者角度提出建议。

1.4　研究的技术路线和研究方法

1.4.1　研究的技术路线

本研究本着分析消费者需求—深究痛点—破解痛点的总体思路，以生鲜农产品电商物流为研究对象，以实证为研究方式，在正确认识生鲜农产品特性、配送物流、消费满意度、营销等方面的基础上，深入分析当前生鲜农产品电商物流发展中存在的问题，探究生鲜农产品电商物流体系的构成要素，并从资源整合、可视化质量追溯、精准营销等视角出发，提出全供应链下以大数据为基础的生鲜农产品电商物流协同创新发展模式。研究的技术路线如图 1–1 所示。

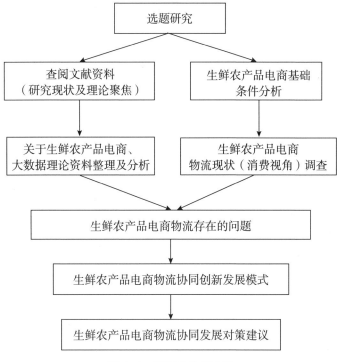

图 1-1　研究的技术路线

1.4.2　研究方法

结合本书研究的目标和现有研究条件，拟采用历史分析与比较分析、定性分析和定量分析相结合，文献收集和实证分析相结合等分析方法。其中，访谈和问卷等调查研究方式作为实证的主要研究方法。

1.历史分析与比较分析法

运用历史分析方法研究电子商务历史、理论基础和研究文献现状。运用比较分析法，讨论美国、欧洲、日本等地区在生鲜农产品电商方面的经验及其借鉴意义；同时，对当前已有的典型生鲜农产品电商模式做出比较与分析，归纳出各类生鲜农产品电商模式的特点，分析其优点与不足，作为最终生鲜农产品电商模式的有力理论支撑。

2.定性分析和定量分析相结合的方法

在消费者需求调研中，充分运用 Excel 统计数据、图表等分析工具，用定性和定量相结合的分析方法，增强定性分析结果的可靠性。

3.文献收集和实证分析相结合的分析方法

通过查阅大量的国内国际文献、数据资源库（《中国统计年鉴》、《中国农村统计年鉴》、《中国物流年鉴》等），收集前人研究成果、数据等文献，运用实证分析调研生鲜农产品供应链上各参与主体，了解生鲜农产品电商现状、特点与相关理论。

4.访谈与问卷调研

设计开放式问卷和访谈提纲，在北京地区通过学生开展问卷调查。采用网络调查方式，收集生鲜农产品电商满意度、差评原因，综合分析调查结果，提升问卷有效性及可信度。

5.案例分析法

借鉴国内外成功企业经验，用案例分析法探索生鲜农产品电商在数据采集、数据挖掘、数据管理等方面的解决途径，使论据更具说服力。

2 概念界定与理论支撑

2.1 概念界定

2.1.1 生鲜农产品及特征

在人们生活所需要的营养中，除主粮以外，生鲜农产品是消费者最主要的膳食营养来源。所谓的生鲜农产品通常是指含水量高、保鲜期短、极易腐烂变质的农产品，主要包括蔬菜、水果、菌类、花卉、肉、蛋、奶，以及水产品等生鲜初级农产品，有人又将其称为"生鲜三品"（果蔬类、肉及水产类、菌类）。果蔬类植物性生鲜农产品包括新鲜蔬菜类、新鲜水果类和植物性水产品三类；肉及水产类动物性生鲜农产品包括动物性水产品、畜禽肉类、新鲜蛋奶三类；菌类主要是指可食用菌。易腐性、易损性、笨重性、非标准性、生产的季节性和区域性、产量与质量不稳定性等是生鲜农产品的主要特征，产品的鲜活程度是决定这些生鲜农产品价值的重要指标。生鲜农产品的产品特征决定其物流上的特殊性，一是消费的全年性、全范围性与生产的季节性、区域性决定物流量巨大；二是易腐性、易损性、笨重性、非标准性决定物流复杂性强、风险性高、损耗大、利润薄，因此在流通过程中，生鲜农产品需要全程处于低温的环境才能保证产品的品质，降低产品损耗。

2.1.2 生鲜农产品电子商务及优势特征

电子商务（Electronic Commerce）通常是指在全球各地广泛的商业贸易活动中，在互联网开放的网络环境下，基于浏览器/服务器应用方式，买卖双方不见面进行各种商贸活动，实现消费者的网上购物、商户之间的网上交易和在线电子支付，包括各种商务活动、交易活动、金融活动和相关的综合服务活动的一种新型的商业运营模式。生鲜农产品电商是通过电子商务方式，在网络基础上实现生鲜农产品和人员的协调，以完成生鲜农产品商业交换活动。它的主要交易类型为企业与个人的交易（B2C 方式）、企业之间的交易（B2B 方式）、个人之间的交易（C2C 方式）三种，其他方式如 O2O 等属于这几种主要方式的衍生。本书仅研究 B2C 方式的电子商务。与传统生鲜商务形式相比，生鲜农产品电商运营方式极大提高了传统生鲜商务模式的效益和效率，该方式有其自身的独特优点，这些优点体现在以下几个方面。

1. "买世界，卖世界" "零休息" 的全新时空优势

事实上互联网上的购物已没有了国界，也没有了昼夜之别。电子商务突破传统店铺式销售模式，使传统的时空概念发生巨大变化，出现了有别于实际地理空间的虚拟社会或者虚拟空间。处于世界任何角落、任何时间的个人、公司或机构，都可以建立虚拟社区、虚拟公司、虚拟商场，通过互联网紧密地联系在一起，进行虚拟谈判、虚拟下单。这样交易活动就可以随时随地进行，从而出现了 "买世界，卖世界" "零休息" 现象，可在更大程度上更大范围地满足网上用户的消费需求。

2. 降低成本

与传统的商务模式相比，利用互联网渠道可以删减传统商务渠道中的许多中间环节，从而加快信息流动、资金流动的速度，降低流通过程中的仓储、配送等环节的物流费用、交易费用、时间成本、管理成本。一方面，农产品零售企业为应付变幻莫测的市场需求，不得不保持一定库存产品，而农产品的冷藏成本昂贵。通过电子商务仓储管理信息化，可以将市场需求信息传递给仓储企业；同时仓储企业的需求信息可以及时传递给农产品供应商，供应商适时补充供给，从而实现或接近零库存管理。另一方面，通过电子商务模式，根据销售数据信息，实时优化配送路线，在扩大规模的情况下降低配送成本。

3. 突破信息壁垒

在信息爆炸时代，信息即财富，而信息传递速度的快慢对于企业而言是尤为关键的。互联网以其惊人的信息传递速度和便捷性颇受企业青睐，可以说，全球任何地方、任何时间发生的事情，人们便可通过网络在十几分钟、

几分钟甚至更短时间内获知。通过互联网，在农产品收获的季节，商家可以实时获知哪些地方农产品滞销，哪些地方需求量大，从而进行地域间调配，真正使整个地球变成了一个地球村。

4. 拉近与消费者的距离

由于电子商务中互联网的实时互动式沟通，商家之间可以直接交流、谈判、签合同，消费者通过新消息反馈，更易表达出自己对产品质量或服务质量的评价。这种评价使网上的零售商们可以更深入地了解消费者的实际需求，更好地改进服务和提供更优质的产品。

5. "产消"对接更容易实现

电子商务使"产消"对接更容易实现。"产消"对接主要是实现上游生产者（农户、合作社、农业企业）与终端消费者的直接对接，形成比较固定的流通模式。生鲜农产品本身的易腐特征使其更适合直接销售，电子商务减少了中间环节，使得生产者和消费者的直接交易成为可能，从而在一定程度上改变了整个社会经济运行的方式，实现生产者和消费者双方共赢。

6. 加快订单农业发展

通过电子商务，越来越多的涉农企业和涉农经纪人在网上"找商机、交商友、建商铺、看商情、促交易"。现在新兴起来的订单式农业因其特有的产销模式，深受广大农户的信赖与好评。以"抢鲜购"为例，淘宝网的"抢鲜购"预售模式，为我国订单农业做了一次电子商务的全新解释。一是提前在网络预售，集聚消费者需求，并按照订单组织果农进行采摘加工和销售，做到了"以销定产"；二是通过二维码等质量追溯技术，保证从农田到餐桌全程监控，确保"流通千万里，追溯零距离"；三是减少流通环节，提高流通效率，做到生产与消费的"产消对接"；四是通过消费者在社交媒体的评价及传播，影响更多买家，做到了"体验营销"。"抢鲜购"模式有效解除了农民对销售、消费者对产品安全的后顾之忧，更好地体现了信息化带领农业发展的步伐。

2.1.3 生鲜农产品电商物流及特征

电商物流又被称为电子商务时代的物流，是电子商务发展的衍生产业，也有人认为电商物流是与电子商务发展相配套的物流或物流企业的电子商务化。电商物流是按照买卖双方的需要设置物流中转站，对商品进行保管、配货、发货、退货及信息服务的物流管理体系，而物流企业对整个物流过程的所有活动进行统一管理。目前，生鲜农产品电商物流有以下几个特征：生鲜农产品自身具有易腐性、易损性、笨重性等特征；B2C 电商产品种类繁多，交易次数频繁，小批量的配送，物流成本占用比例较大；由于客户大都是个体消费者，有一定的个性化需求，客户对个性化服务要求较高；生鲜农产品的销售数量、区域范围不容易控制。所以，在一定程度上，生鲜农产品电商物流成本和风险较高，它对物流的技术水平及信息系统要求更高，并且必须要在一定的冷链保障下才能进行。

2.1.4　物流协同

物流协同是将物流学和协同学两个学科领域的专业知识融合发展而来的，对"物流"和"协同"这两个关键词的内涵深入分析，有助于加深对于物流协同的认知。"物流"和"协同"的概念都是起源于西方。根据中国国家标准《物流术语》(GB/T 18354—2021)，物流是根据实际需要，将运输、储存、装卸、搬运、包装、流通加工、配送、信息处理等基本功能实施有机结合，使物品从供应地向接收地进行实体流动的过程。Ansoff H I (1965) 指出，协同是指系统在特定的外部环境影响下，系统内部的不同单元或部门之间通过相互协调和作用而产生的整体效应；是两个或两个以上的组织或系统为了实现某种战略目的，通过协议或联合组织等方式而结成的一种网络式联合体。协同的外在动因是为了应对竞争加剧和环境动态性强化的局面；其内在动因包括谋求中间组织效应，追求价值链优势，构造竞争优势群和保持核心竞争力。

协同有三层含义：组织层面的协同，由"合作—博弈"转变为彼此在业务中更加明确的分工和责任，成为"合作—整合"；业务流程层面的协同，即打破组织界限，围绕满足终端客户需求这一核心，进行流程的整合重组；信息层面的协同，通过 IT 实现成员间的信息系统的集成，实现运营数据、市场数据的实时共享和交流，从而能够更快、更好地响应终端客户需求。只有在这三个层次上实现了协同，组织才能够实现响应速度更快、更具有前向的预见性、更好地抵御各种风险，以最小的成本为客户提供最优的产品和服务。本研究基于现有学者的主要观点，将物流协同定义为企业通过管理手段和大数据等信息技术，实现数据资源共享，使电商物流自身与外部不同资源持有者之间进行灵活的物流协作，高效率、低成本、快速地将物品送到客户手中。

2.2 理论支撑

2.2.1 马斯洛的需求层次理论

1943 年在《人类激励理论》中，美国心理学家亚伯拉罕·马斯洛提出了人本主义科学理论之一的马斯洛需求层次理论。马斯洛将人类需求按层次像阶梯一样从低到高分为五种，它们分别是生理需求、安全需求、社交需求、尊重需求和自我实现需求。五种需求按层次逐级递升，像阶梯一样从低到高。但这样的需求次序不是完全一成不变的，随着条件不同，也有次序发生变化的情况。正常情况下，某一低层次的需求得到满足后，就会向更高一层次需求发展，这样，追求更高一层次的需求就成为驱使人类不断发展的行为动力。该理论基于三个基本假设而成立。第一，个体的内在需求调控个体的行为表现，而且只有未满足的需求能够影响行为，发挥激励效能。第二，人类价值体系存在两类不同的需求：一类是沿生物谱系上升方向呈现弱化倾向的本能或冲动，称为低级需求，另一类是随生物进化而不断显现的潜能或需求，称为高级需求，两种需求按重要性和层次性排成一定次序。第三，当人的某一级需求得到最低限度满足后，便会产生高一级的需求，逐级上升，形成推动个体继续努力的内在动力。

因此，根据需求层次理论，在生鲜农产品消费市场上，消费者行为有五个需求层次，在满足最低需求层次的市场，消费者只要求农产品具有一般营养价值功能即可；随着生活水平的提高，在满足生理需求后，消费者开始关注产品对身体健康的影响，于是有了满足"安全"需求的市场；随着社交的扩大，在满足"交际"需求的市场，消费者开始关注食用农产品的圈际交往，看产品是否有助提高自己的交际形象，如有机食品交往圈、素食主义交往圈；在满足消费者寻求产品与众不同的需求的市场，消费者关注产品的象征意义，比如环保产品；在满足消费者对产品有自己判断标准的市场，消费者拥有自己固定的品牌需求层次越高，就越不容易被满足。经济学上，"消费者愿意支付的价格约等于消费者获得的满意度"。同样是牛肉，普通牛肉每 500 克 30 元，有机牛肉每 500 克达到 100 元，因为有机牛肉可以满足消费者对健康、环保的需求。所以满足消费者需求层次越高，消费者能接受的产品定价也越高。市场上，低端产品的竞争总是激烈的，竞争显然是将"需求层次"降到最低；而高端产品让消费者感觉到其他层次的"满意"价，也使消费者乐意支付相对高的价格。

2.2.2 消费者认知与购买决策理论

消费者购买决策是指消费者谨慎地评价某一产品、品牌或服务的属性，并进行选择、购买能满足某一特定需要的产品的过程。认知也可称为认识，是指人认识外界事物的过程，或人的感觉器官对外界事物进行信息加工处理的过程。购买意愿是指消费者愿意采取购买行为的可能性。

关于消费者购买决策过程的研究，经济学家、心理学家和行为学家从不同的角度，认识和揭示消费者购买决策过程的本质和规律，提出各种购买决策理论。但这些理论，由于认识角度和认识方式的局限，只能部分反映消费者购买决策的实际过程。王崇等（2011）认为消费者之所做出购买行为决策，是因为消费者所购买的商品能够满足他们的某种需求，这是一种消费心理表现，因此他认为购买意愿是一种心理倾向。通过国内外学者的大量研究，发现消费者购买决策行为的前提和基础是消费者的认知，这些认知对购买决策行为的影响极其显著。赵洋（2015）认为认知努力被视为是稀缺的有限资源，决策的制定需要付出认知上的努力。认知努力付出程度较高者会感知到较低的购后后悔强度，同时商品的触觉信息可有效降低后悔强度。毛平等（2016）认为消费者的认知因素对消费者的冲动购买的影响是正向的，认知评估越趋于积极方向，越容易产生冲动性购买。周燕等（2018）认为消费者在购买决策过程的不同阶段，感知到的风险水平不同。潜在消费者在搜寻商品信息时，感知到的风险较大，而随着对评论信息的搜集和分析，消费者感知到的风险逐渐降低，从而有利于做出购买决策。刘建刚等（2018）认为物流服务成为影响生鲜平台消费者购买决策的关键，生鲜农产品电商平台企业需要进一步整合相关物流资源，优化冷链物流体系，提高物流服务质量。李磊（2022）认为，由于直播电商普及推广程度加深，不同绿色消费类型在消费者心理契约中的可替代效应逐渐增强，最终影响绿色消费类型选择与消费偏好。因此，本研究将消费者认知和购买决策意愿作为研究基础，研究消费者对电商网络的认知程度、生鲜消费需求对生鲜农产品购买决策的影响。

2.2.3　服务质量理论

有关服务概念的研究首先是从经济学领域开始的，最早可追溯到亚当·斯密的时代。市场营销学界对服务概念的研究大致是从 20 世纪五六十年代开始的。如果顾客所体验到的服务质量水平低于或等于顾客预期的服务质量水平，则顾客会获得较低的满意度，从而认为企业具有低水平的服务质量；同样，如果顾客所体验到的服务质量水平高于顾客预期的服务质量水平，则顾客会认为企业的服务质量高，顾客满意度也比较高。把质量引入服务领域的研究始于 20 世纪 70 年代后期。从那时起，服务质量问题引起了许多学者的极大研究兴趣。Lewis 和 Booms（1983）认为，服务质量是一种衡量企业服务水平能否满足顾客期望程度的工具；Gronroos（1982）首次提出顾客感知服务质量理念，认为服务质量是一个主观范畴，它取决于顾客对服务质量的期望（即期望服务质量）同其实际感知的服务水平（即体验的服务质量）的对比，并对其内涵进行科学界定，提出这一理念的基本概念及总体服务质量模型，他强调管理者应该从顾客的角度来理解服务质量的构成，这样才能使顾客满意。Parasuraman 等（1988）把服务质量看作顾客所感受到的服务质量水平与期望的服务质量水平之差。关于物流服务质量的理论研究基石是 Perrault 和 Russ 创建的 7Rs 理论，其指出满足客户需求是物流服务的关键，强调在客户服务过程中应以恰当的时间、恰当的地点、适合的方式提供费用合理的需求服务，是服务创新增值的活动。邵继锋（2023）认为物流服务质量水平如何将直接决定着企业所占据的市场优势。

从以上文献研究可以看出，消费者的服务期望与接受服务后的感受可以通过服务质量体现。从消费者角度而言，生鲜农产品电商终端消费者的服务期望和服务感受可以通过终端接触点的物流配送服务质量体现，物流服务质量好坏，在很大程度上会影响消费者的复购率。因此，生鲜农产品电商物流的服务质量可以采用消费者在接受服务时所感受的服务水平来衡量。消费者满意度和产品服务质量、消费者感知价值是相互作用的，其中产品服务质量和消费者感知价值是前因，消费者满意度是输出结果。生鲜物流企业可以从发展目标出发，通过探索顾客对服务质量的期望水平来了解他们对电商、物流服务质量的真正看法，从而提高电商与物流服务质量。

2.2.4　资源依赖理论

资源依赖理论萌芽于 20 世纪 40 年代，与新制度主义理论被并列为组织研究中两个重要流派，是研究组织变迁活动的一个重要理论，在 70 年代以后被广泛应用到组织关系的研究。其主要代表著作是杰弗里·菲佛与杰勒尔德·R. 萨兰基克在 1978 年出版的《组织的外部控制——对组织资源依赖的分析》。资源依赖理论为解释组织与外部环境间的关系提供了重要的分析框架：企业处于社会情境下，为了生存必须从外部环境中获取关键的资源，而对关键和重要资源的依赖，又深入影响企业的行为。盛虎宜（2018）认为资源的重要性、资源可选择的替代来源（或资源集中程度）是反映资源依赖结构的重要维度。根据资源经济学理论，一个企业会被视为生产资源的集合，其将努力提升这些资源用以创造、发展企业。在企业对资源依赖关系中，一方的依赖性则与另一方的权力密不可分，当关系中的一方控制了另一方所需要的和想要的资源时，另一方就不得不依赖于控制方。因此，在生鲜农产品电商与物流协同中，要充分了解与环境条件的依赖关系，企业组织可采用各种策略来改变自己、选择环境和适应环境，面对着同一外部环境，电商与物流有不同的选择、理解、参与、设定方式。

2.2.5　商物分离理论

商物分离中的"商"是"商流"，指商品从生产者到消费者之间不断转卖的价值形态转化过程，即由若干次买卖所组成的序列而言，这是商品所有权在不同的所有者之间转移，实际是商品价值运动，是商品所有权的转让，是通过货币实现的。"物"即"物流",即马克思讲的"实际流通",商流所带动的商品实体从生产者手中向消费者手中的转移过程,即流通领域的使用价值的物质运动。一般情况下,商流、物流是紧密地结合在一起的,进行一次交易,商品便易手一次,商品实体便发生一次运动,物流和商流相伴相生,物流依附于商流运动,二者在管理权、所有权和运动路径上完全合一化,但这种"商物相伴相生"状态常会导致牛鞭效应、资源浪费及物流成本的增加等问题,使很多企业的销售额和销售利润的增长速度受到很大的影响。

因此要改变"商物相伴相生"带来的负面影响,必须实现物流和商流的分离。商流和物流开始分离是随着商品经济的发展而产生,商物分离实际是流通总体中的专业分工、职能分工,是通过这种分工实现大生产式的社会再生产的产物。特别是第二次世界大战以后,流通过程中商流和物流两种不同形式出现了更明显的分离,从不同形式逐渐变成了两个有一定独立运动能力的不同运动过程,这就是所谓的商物分离理论,该理论是物流科学赖以生存的先决条件,也是物流科学中重要的新观念。当然,商物分离也并非绝对的,在现代科学技术有了飞跃发展的今天,优势可以通过分工或趋同获得,发展也是多形式的,绝对不是单一的"分离"。在电商与物流协同中,物流企业流通活动中,实行适度的商物分离是提高社会经济效益的客观需要,也是物流企业现代化发展的需要。

2.2.6 效益背反理论

"效益背反"又称为二律背反,是指改变系统中任何一个要素,都会影响其他要素,欲使系统中任何一个要素增益,都将对系统其他要素产生减益影响。虽然"效益背反"现象在许多领域中都是存在着的,但物流领域中,这个问题尤其严重。在分析物流的效益背反现象的客观实际中,物流服务时间(Time)、服务质量(Quality)与物流成本(Cost)之间此消彼长关系表现突出。"效益背反"是物流的基本特性,存在于物流的方方面面:第一,物流各功能如运输、储存、包装、装卸等的"效益背反";第二,企业内部物流的"效益背反",即企业各部门物流成本之间的效益背反;第三,供应链上各企业的"效益背反";第四,物流成本与物流服务的"效益背反"。这种效益背反"陷阱的结果必然使企业在降低成本时出现取得一方必舍弃另一方的状态。例如，具体来说包装问题，在产品销售市场和销售价格皆不变的前提下，假定其他成本因素也不变，那么包装方面每少花一分钱，这一分钱就必然转到收益上来，包装越省，利润则越高。但是，一旦商品进入流通之后，如果节省的包装降低了产品的防护效果，造成了大量损失，就会造成储存、装卸、运输功能要素的工作劣化和效益大减，显然，包装活动的效益是以其他的损失为代价的，我国流通领域每年因包装不善导致的上百亿元的商品损失，就是这种效益背反的实证。

因此，要研究生鲜农产品电商物流的效益背反因素，必须了解物流内外部协同，尽可能降低效益背反带来的负面影响。首先从电商企业内部管理看，降低效益背反影响可以采取以下措施：时间管理上利用物流信息系统可以调整需求和供给，缩短从接受订货到发货的时间；仓储管理上利用信息化使库存适量化（压缩库存并防止脱销），提高接收订货和发出订货的精确度，使接收订货和发出订货更为省时省力；搬运操作过程中利用信息化提高搬运作业的效率，防止在发货、配送过程中出现差错；客户管理上通过对电商整个供应链过程中物流数据资源的采集与利用、大数据分析，使电商企业与消费者之间沟通更方便。其次从企业的长远发展看，利用网络信息技术资源优势和外部资源，对本企业物流资源进行全面的重组和改革，将分散的物流要素集合起来形成一个整体，进行统一协调和管理，以促进集团资源的全面整合，发挥企业的整体效应，从而提高对顾客的服务水准和降低物流总成本，提高整个电商物流系统的效率。

2.2.7　第三利润源

从历史发展来看，人类历史上有过两个大量提供利润的领域。第一个是资源领域，第二个是人力领域。随着社会发展，两个利润源挖掘潜力越来越小，于是学者寻找其他领域以获取更多的利润。物流这种形态早已有之，但是能够大量提供利润甚至如同源泉一样成为长期不断的利润源泉，那是较晚的事情。初期物流只是经济活动的相关组成部分或者是经济活动的派生与附属，并不直接形成利润，当物流发展成为独立经济活动，才有了直接获取利润的条件和能力。1970 年，日本学者西泽修在其著作《流通费用——不为人知的第三利润源泉》中，提出第三个利润的领域，即物流领域，认为物流可以为企业提供大量直接或间接的利润，是形成企业经营利润的主要活动，企业降低制造成本和扩大销售额都到了一定极限的情况下，企业经营期望寻求新的利润增长点，即物流合理化，这便是企业经营的第三利润源。第三利润源的提出让大家理解物流的重要性，呼吁企业加强物流管理、减少浪费、加速商品流通。伴随"物流热"持续升温，"第三利润源"说广为人知，成为重视物流、加强物流管理的原动力。我国目前正处于商品结构性供大于求、电商物流快速发展阶段，要扩大销售、加强营销，必须重视物流管理，挖掘"第三利润源"。

2.2.8 协同理论

在 1965 年出版的《公司战略》中，H. 伊戈尔·安索夫第一次提出协同概念，认为协同是相互独立的企业对资源进行共享，相互依赖共同生存，汇总后形成整体的过程。供应链协同的概念是在 20 世纪 90 年代提出，把追求供应链整体的利润最大化作为重点目标，要求该链条的节点企业之间通过协同合作来快速满足消费者的需求。Malone 和 Crowston（1994）则认为：将信息、决策及知识等目标进行适当合理的组织后生成一些新的目标的做法被称为供应链协同。Simatupang 和 Sridharan（2004）认为两个或两个以上的企业节点为了共同利益的最大化而联手制定链条规划的做法被称为供应链协同，通过协同后获得的共同利益要远远大于单个企业获得的利益之和。Ha Jin Hwang（2005）则强调供应链协同的侧重点是为了满足最终消费者的需求而进行的链条管理与设计的无缝衔接，认为若想进行供应链协同，首先多个企业间共享资源数据，其次多个企业从自身出发共同预测目标客户的需求，再次多企业共同制订运营计划、实施管理任务，最后对工作进行改进。武淑萍和于宝琴（2016）认为电子商务发展的有序度高于快递物流服务业发展的有序度，两者的整体协同度呈逐年上升趋势，但协同度增长缓慢，其发展是一个螺旋式上升过程。在"互联网+"背景下，我国电子商务迅猛发展，其大大增加了对电商物流服务业的需求，电子商务与物流协同发展，共荣共生，是一个动态的复杂过程。因此，要充分利用协同理论，在供应链资源整合的基础上，通过组织管理手段和技术手段，发挥协同效力，使供应链上各个环节无缝对接，进而提高整个电商物流供应链的响应速度，及时准确地满足客户需求，最终提高电商供应链的整体竞争力。

2.3 研究文献综述

生鲜农产品电商的迅速发展使之成为中国学术界和产业界探讨的热门话题，生鲜农产品电商的相关研究逐渐增多，相关文献数量也呈现上升趋势。截至 2023 年 10 月，在知网输入"生鲜农产品电商"关键词，检索结果有1959 篇文章。从 2012 年开始才有了生鲜农产品电商研究，之后的研究数量逐渐呈现从两位数到三位数的爆发式增长，成为增长非常快的研究领域。在"生鲜农产品电商"的文献调查结果中，与物流相关的有 28 篇，以大数据为背景的仅有 19 篇，关于生鲜农产品电商物流协同的仅有 5 篇。

2.3.1 关于生鲜农产品电商的研究

关于生鲜农产品电商研究，主要集中在生鲜农产品电商模式、问题类。在电子商务蓬勃发展的今天，沈坤华（2013）提出生鲜农产品电商面临两大困境：生鲜农产品困境和物流困境。洪涛等（2014）总结了农产品网络零售的 18 种模式，分析了农产品电子商务的六种物流模式、多种支付创新模式，并认为我国农产品电子商务正处于"成长期"。姚斌（2015）在分析生鲜农产品线上线下（O2O）服务供应链的运作模式后，认为客户的购物体验价值是实现生鲜 O2O 完美闭环的重要环节，创新性地提出网状生鲜供应链服务体系的思路。李博（2014）将生鲜农产品电商企业分为垂直型、综合型、平台型 B2C 生鲜农产品电商企业，以及依托平台型生鲜农产品电商兴起的"新农人"B2C 生鲜农产品电商企业四类，并对四类企业进行了五力模型的分析和盈利模式的分析。此外，他结合发达国家生鲜农产品电商行业对我国的启示和我国的特殊国情，提出推动我国生鲜农产品电商行业健康发展的建议。靳博睿（2016）认为现有的生鲜农产品电商市场中一个最重要的问题是标准化和品牌化，同时认为品牌营销是生鲜农产品电商制胜的关键，并提出品牌营销建议。李洁（2018）认为 C2F 和 F2C 盈利模式的出现，可以极大提升生鲜农产品的品质和标准化程度，并有效降低品控成本。陆芬（2023）认为制定的成本分担—补偿契约可提高供应商的保鲜努力程度并鼓励零售商进行质量控制，同时协调供应链。

2.3.2 关于生鲜农产品电商物流研究

电商物流模式方面，魏国辰（2015）总结生鲜农产品电商的物流模式为自营物流"自营物流＋第三方物流""自营物流＋消费者自提／自营配送"三类，其中每种模式具有各自的适用性。张力（2015）构建了垂直生鲜农产品电商商业模式的构成要素模型，并通过案例分析探讨了垂直生鲜农产品电商商业模式的共性特征与差异性特征。赵冕（2015）在通过整合生鲜农产品供应链各节点企业来提高生鲜农产品的质量和产品的配送速度，提出了基于供应链整合的生鲜农产品电子商务模式和基于社交网络的生鲜农产品电子商务模式。冯佳和郑文岭（2016）从生鲜农产品电商企业、消费者和生鲜农产品的角度对自建冷链物流模式、第三方冷链物流模式、社区配送冷链物流模式和众包物流模式四种类型进行了分析，并提出了建议。供应链方面，孙瑞者（2018）分析电商物流模式后，认为生鲜农产品电商物流的发展，首先需要保证有完整的物流产业链，其次是提高生鲜农产品物流相关的基础保障，包括地理要素、技术要素等都需要进一步提高。物流服务质量方面。徐广姝（2019）认为基于粗糙集方法的电商物流服务质量评价能够更好地体现客观性，该方法具有更好的实践性和可操作性。

国外研究方面，生鲜电子商务时代的来临，给全球物流带来了新的发展和新的挑战，使物流具备了一系列新特点，尤其是生鲜网络购物的爆发式增长大大促进了生鲜农产品电商物流服务业特别是快递服务业的发展，使生鲜物流成为社会商品流通的重要渠道。但由于生鲜物流要求高、物流业服务水平低、物流成本高等种种问题制约着生鲜电子商务的高速发展，尤其是生鲜冷链要求、季节性的快递企业"爆仓"问题、频繁涨价等问题，使得大多数具有先行优势的电子商务企业在物流相关领域进行了巨大的投入。

2.3.3　关于消费者视角下的生鲜农产品电商研究

在理论研究中，生鲜农产品电商消费者行为研究虽然早就引起了国内外学术界的关注，但是现在的研究成果并不多。如有学者使用了计划行为理论解释生鲜网购意愿的三个影响因素：消费者的行为受到别人的影响、消费者有能力网购生鲜品、消费者有网络购买生鲜品的积极态度。此后很多研究一直沿用了该理论。谢名良（2016）认为多数消费者对于农产品网购的了解程度、信任程度和评价程度不高，同时消费者接受网购生鲜农产品的溢价程度较低，此外，流通协作主体对购买意愿有显著影响。白雪玘（2016）认为产品特征对消费者冲动性购买意愿有正向显著的影响，情景特征的各个维度与冲动性购买意愿部分正向显著相关，消费者个性特征对消费者冲动性购买意愿有正向显著的影响。肖哲晖（2015）认为制度管控、生鲜网站声誉、消费者对农产品安全的顾虑能有效地增强消费者的信任，并减缓消费者感知的不确定性，进而影响用户的网购意图。在制度管控因素中，第三方平台的可追溯性机制和农产品安全认证可以显著负向影响感知不确定性，而生鲜网站的服务承诺对感知不确定性无直接影响。陈涛等（2015）经过消费者问卷调查确定了各物流风险指标相对权重，发现消费者在顺丰优选水果商品物流服务过程中最关注时间风险和货物风险。何德华等（2014）从农产品质量安全的角度讨论了生鲜网购意愿的影响因素，通过实证分析发现物流服务预期、包装、价格折扣等因素的影响不显著，而产品的质量和安全预期、网站信息的丰富度显著影响消费者对生鲜农产品的购买意愿。生鲜农产品安全不仅关系到消费者的生存和健康，还关系到经济的运营。韦潇竹等（2016）认为生鲜农产品电商赢得消费者的关键都在于做好"品控""价格"和"物流"，"水果品质可能无法保证""实体店购买比网购更方便"是消费者不愿意接受和尝试网购水果的两大主要原因。张蓓和盘思桃（2018）从消费者角度出发，认为消费者信任修复意愿受到品牌责任、道德责任和环境责任的正向影响。

2.3.4　关于大数据背景的生鲜农产品电商物流研究

申风平等（2016）从大数据的角度阐释了大数据思想在生鲜农产品电商

供应链管理中的应用，认为大数据的应用将使生鲜农产品电商供应链主体间的协同更加高效。李伟春等（2017）从 IT 角度出发，提出利用物联网技术、大数据系统、云计算与电商平台结合，构建全程可追溯、互联共享的云物流平台。方建生（2018）通过百度指数大数据对生鲜农产品电商和生鲜农产品电商的发展程度以关键词搜索量进行对比分析，从实证的角度说明供给侧改革应该是当前农产品电子商务突破发展瓶颈的着力点，而大数据也反映了当前需要加大社会媒体在此领域的关注和宣传。夏静波等（2019）认为大数据促进了物流产业经营模式的创新和业务流程的优化，同时促使基于电商物流的快递网络实现全面智能化与信息化。由于生鲜农产品电商是一种新型的商业模式，尚处于探索完善阶段，且缺乏产品和物流的标准化，这导致电商企业和消费者的纠纷频繁发生。对于物流商而言，可以利用云物流平台将企业的资源与其他物流企业的资源整合，减少冷链物流设施设备的投入，发挥自己的优势，提高物流设备的使用效率，从而降低物流成本。这些文献为大数据在生鲜农产品电商与物流协同建设方面提供了新思路，有非常重要的意义。

2.3.5　关于生鲜农产品电商物流协同研究

虽然如今的电商受到大众的追捧，但是与传统购物模式相比，其发展时间相对较短。我国对于电商与物流业的物流协同研究较国外起步晚，且多是从企业协同、商务协同的角度，在仓储、运输、配送协同方面，真正以数据资源为核心进行协同的研究还是比较少。徐青青和缪立新（2007）基于系统理论提出了以企业为基本单位的物流协同，研究了区域物流系统的合作、同步、协调、互补等协同模式。齐秀辉等（2009）认为企业的协同能力是企业成长的重要保障，它影响企业资源整合利用、企业各部门的协调合作、企业对环境的适应力。序参量是企业协同能力的主宰要素，它的确定对企业协同能力的形成与提高将起着至关重要的作用。通过对创业期、成长期、成熟期影响企业协同发展要素分析后，可以得出学习能力和企业文化在企业发展各个时期对环境适应能力、资源整合能力、创新能力和风险预控能力有着重要的指导、支配作用，是两个重要的影响因素。依据序参量的特征，可以得出学习能力和企业文化两个要素为协同序参量。谢磊等（2014）在企业调研和专家访谈基础上，通过设计量表对供应物流协同与合作伙伴关系、信息共享、供应链敏捷性的关系进行研究，进一步研究了供应物流协同对企业运营绩效的影响。李正军和李青桁（2015）提出从组织层面、业务流程层面和信息层面三个方面做好协同设计，从而实现电商物流服务水平的整体提升，真正解决城市配送"最后一公里"的问题。武淑萍和于宝琴（2016）在研究电商与快递物流的协同中，运用协同学的序参量原理进行分析，得出电子商务与快递物流的协同度逐年提高，快递物流协同可以有效地促进电子商务的快速发展的结论。余建海（2017）提出以信息流为主导的"互联网 +"全面合作策略，实现生鲜农产品电商物流整个供应链的协同合作。杨路明和施礼（2019）认为，农产品物流与电商实现协同的稳定平衡条件取决于农产品物流与电商之间正向贡献效应和负向影响效应的大小。但农产品物流子系统的有序度明显高于电商子系统，农产品物流的发展受外部宏观因素影响大；此处，农产品物流与电商之间存在着协同关系，但协同水平低，且农产品物流与电商的发展不匹配。余丽婷（2019）认为政府需要通过快递物流基础设施建设的完善来实现农产品配送效率的提升以及农产品电商供应链企业交易成本的下降。赵琪（2021）认为利用社区临时性的冷藏属性，可以提高配送网络的柔性。

综上所述，从当前国内外的相关研究可以看出，学者们在物流协同、物流协同能力、网络关系、企业运营绩效、生鲜农产品电商企业运营绩效等不同维度都有了一定的研究成果。对物流协同能力的研究主要围绕供应链展开，从供应链的视角探究物流协同及物流协同能力对于供应链中企业的具体影响，为更深层次地研究企业物流协同能力对运营绩效的影响提供了理论支撑。但就当前的研究来看，还存在以下几点不足。

第一，研究视角方面。当前学者的研究多从物流协同的角度进行，鲜有学者从消费者的视角切入，分析影响物流协同的因素，提出生鲜农产品电商物流模式。

第二，研究内容方面。鲜有将生鲜农产品电商理论与生鲜农产品消费发展的实际情况结合起来，从产品特性、配送物流、消费满意度、营销等方面深入分析当前生鲜农产品电商物流发展中物流存在的问题。同时，鲜有以大数据资源为核心进行物流协同模式的创新。

　　总的来说，学者从不同角度对生鲜农产品电商进行研究，为本书的研究提供大量可借鉴的资料。但在大数据背景下，很少有学者综合考虑生鲜农产品的本质特征，生鲜农产品在物流上的特殊性及生鲜农产品在产前、产中、产后整个供应链中的质量安全把控。因此，本书本着分析消费者需求—深究痛点—破解痛点的总体思路，以生鲜农产品电商物流为研究对象，以实证为研究方式，在正确认识生鲜农产品特性、配送物流、消费满意度、营销等方面的基础上，深入分析当前生鲜农产品电商物流发展中存在的问题，探究生鲜农产品电商物流体系的构成要素，并从资源整合、可视化质量追溯、精准营销等视角出发，最终提出全供应链下以大数据为基础的生鲜农产品电商物流协同创新发展模式。

3 生鲜农产品电商行业发展环境

近年来，我国电商行业发展迅猛，进口产品多样、快递网络发达、跨境电商跨越式发展，电商行业已经具有世界级影响力。我国高度重视电商行业发展，中央一号文件连续几年提及乡村电子商务，将电商作为推动乡村振兴、农产品供给侧结构性改革的重要抓手。电子商务推动了中国经济高质量发展，成为拉动经济增长、助推供给侧改革、扩大对外开放、提升内需活力、促进就业民生、融合线上线下的重要行业。随着新经济业态和新消费形式的崛起，中国的社会和商业环境正迎来深层次的变革。尤其是在广袤的农村地区，在以电商为代表的新模式和新技术的推动下，农村地区的"上行下达"正经历巨大变化，生鲜农产品电商行业发展环境不断完善。以下从法律法规及政策环境、经济环境、社会环境、科学技术环境方面进行分析。

3.1 法律法规及政策环境

3.1.1 电子商务相关的法律法规及政策

法律及政策是影响电子商务发展的重要宏观环境因素，包括法律法规环境、政策环境。法律法规环境为电子商务企业规定经营活动的行为准则。企业不仅可以保证自身严格依法经营和运用法律手段保障自身权益，还可通过法律条文的变化对市场需求及其走势进行预测。政策环境引导着国家电子商务发展方向、推动电商产业结构升级，同时指引电子商务企业营销活动的方向。法律法规与政策相互联系，共同对电子商务企业的市场营销活动产生积极影响。

电子商务是以信息网络技术为手段，以商品交换为中心的商务活动。目前，我国电子商务的发展与运行已经有了良好的法律法规与政策环境，它们引导和推进电子商务的发展、调节和规范电子商务行为。因为电子商务业务比较广泛而且发展尚处于摸索阶段，所以需要根据不同的细分领域逐步完善，目前主要通过其他先前颁布的法律来规范电子商务行业，比如《中华人民共和国合同法》《中华人民共和国电子签名法》《中华人民共和国计算机信息系统安全保护条例》《中国互联网络信息中心域名注册实施细则》《互联网电子公告服务管理规定》《中国互联网络域名管理办法》《非经营性互联网信息服务备案管理办法》《互联网 IP 地址备案管理办法》《电子认证服务管理办法》《中华人民共和国计算机信息网络国际联网管理暂行规定》《互联网信息服务管理办法》等。在网络监管、网络交易平台合同、第三方交易平台、第三方支付、跨境电商、网络维权与促销、电商物流、快递服务、质保与售后等方面形成了较为完备的促进电子商务发展的法规政策体系。近 10 年来，在电子商务、跨境电商、物流快递、消费者权益等方面的法律法规政策不断完善（见表 3–1）。不断规范和完善的法律法规及政策体系，遵循了"规范是为了更好的发展"这一基本原则，必将激发社会创新创业活力。特别是《中华人民共和国电子商务法》的出台，对我国电商发展具有里程碑意义。

表 3–1   电子商务相关法律法规及政策

分类	发布部门	名称	发布时间
电子商务及大数据	国务院办公厅	《国务院办公厅关于印发全国一体化政务大数据体系建设指南的通知》	2022 年 10 月
	国务院办公厅	《中共中央 国务院关于构建数据基础制度更好发挥数据要素作用的意见》	2022 年 12 月
	商务部、中央网信办、国家发展改革委	《商务部 中央网信办 发展改革委关于印发〈"十四五"电子商务发展规划〉的通知》	2021 年 10 月
	国务院	《国务院反垄断委员会关于平台经济领域的反垄断指南》	2021 年 2 月
	中央网络安全和信息化委员会	《"十四五"国家信息化规划》	2021 年 12 月

分类	发布部门	名称	发布时间
电子商务及大数据	国家发展改革委等多部门	《关于推动先进制造业和现代服务业深度融合发展的实施意见》	2019 年 11 月
	国务院办公厅	《国务院办公厅关于促进平台经济规范健康发展的指导意见》	2019 年 8 月
	全国人大常委会	《中华人民共和国电子商务法》	2018 年 8 月（2019 年 1 月实施）
	国务院办公厅	《国务院办公厅关于加快发展流通促进商业消费的意见》	2019 年 8 月
	商务部	《商务部关于印发〈商务信用联合惩戒对象名单管理办法〉》	2019 年 7 月
	国家邮政局、商务部	《国家邮政局　商务部关于规范快递与电子商务数据互联共享的指导意见》	2019 年 6 月
	国家发展改革委、中央网信办等八部门	《关于加强对电子商务领域失信问题专项治理工作的通知》	2018 年 5 月
	工业和信息化部	《工业和信息化部印发〈关于推进网络扶贫的实施方案（2018—2020 年）〉的通知》	2018 年 5 月
	国家发展改革委	《国家发展改革委关于印发〈网络交易价格举报管辖规定〉的通知》	2018 年 2 月
	国务院办公厅	《国务院办公厅关于推进电子商务与快递物流协同发展的意见》	2018 年 1 月
	全国人大常委会	《中华人民共和国反不正当竞争法》	2017 年 11 月
	原国家工商总局	《网络购买商品七日无理由退货暂行办法》	2020 年 11 月
	国务院	《国务院关于第三批取消中央指定地方实施行政许可事项的决定》	2017 年 1 月
	中共中央办公厅、国务院办公厅	《中共中央办公厅　国务院办公厅印发〈关于促进移动互联网健康有序发展的意见〉》	2017 年 1 月

续　表

分类	发布部门	名称	发布时间
电子商务及大数据	商务部、中央网信办、国家发展改革委	《电子商务"十三五"发展规划》	2016 年 12 月
	原国家工商总局	《国家工商总局就〈互联网广告监督管理暂行办法（征求意见稿）〉向社会征求意见》	2015 年 7 月
	原国家工商总局	《工商总局关于进一步做好查处网络传销工作的通知》	2016 年 6 月
	原国家工商总局	《工商总局关于印发 2016 网络市场监管专项行动方案的通知》	2016 年 5 月
	国务院办公厅	《国务院办公厅关于深入实施"互联网 + 流通"行动计划的意见》	2016 年 4 月
	国家发展和改革委员会、价格监督检查与反垄断局	《关于规范网络零售价格行为的提醒书》	2015 年 11 月
	原国家工商总局	《网络商品和服务集中促销活动管理暂行规定》	2015 年 9 月
	国务院	《国务院关于大力发展电子商务加快培育经济新动力的意见》	2015 年 5 月
	商务部	《网络零售第三方平台交易规则制定程序规定（试行）》	2014 年 12 月
	原国家工商总局、工业和信息化部	《工商总局 工业和信息化部关于加强境内网络交易网站监管工作协作 积极促进电子商务发展的意见》	2014 年 9 月
	商务部等部门	《三部门发布〈商品现货市场交易特别规定（试行）〉》	2013 年 11 月
	国家税务总局	《网络发票管理办法》	2013 年 2 月
	工业和信息化部	《工业和信息化部关于印发〈互联网接入服务规范〉的通知》	2013 年 7 月

分类	发布部门	名称	发布时间
电子商务及大数据	国家发展改革委办公厅	《国家发展改革委办公厅关于组织开展国家电子商务示范城市电子商务试点专项的通知》	2012 年 5 月
	商务部	《第三方电子商务交易平台服务规范》	2011 年 4 月
	商务部	《商务部关于规范网络购物促销行为的通知》	2011 年 1 月
	商务部	《商务部关于促进网络购物健康发展的指导意见》	2010 年 6 月
	原国家工商总局	《网络商品交易及有关服务行为管理暂行办法》	2010 年 5 月
	商务部等 6 部门	《商务部等 6 部门关于印发〈全国电子商务物流发展专项规划（2016—2020 年）〉的通知》	2016 年 3 月
跨境电商	财政部、海关总署、税务总局	《关于跨境电子商务出口退运商品税收政策的公告》	2023 年 1 月
	商务部、国家发展改革委、财政部、海关总署、税务总局、市场监管总局	《商务部 发展改革委 财政部 海关总署 税务总局 市场监管总局关于扩大跨境电商零售进口试点、严格落实监管要求的通知》	2021 年 3 月
	商务部、国家发展改革委、财政部、海关总署、税务总局、市场监管总局	《商务部 发展改革委 财政部 海关总署 税务总局 市场监管总局关于完善跨境电子商务零售进口监管有关工作的通知》	2018 年 11 月
	国务院	《国务院关于印发优化口岸营商环境促进跨境贸易便利化工作方案的通知》	2018 年 10 月
	财政部、国家发展改革委等 11 个部门	《十一部门关于公布跨境电子商务零售进口商品清单的公告》	2016 年 4 月
	国务院	《国务院关于同意在天津等 12 个城市设立跨境电子商务综合试验区的批复》	2016 年 1 月

续　表

分类	发布部门	名称	发布时间
跨境电商	商务部	《商务部关于利用电子商务平台开展对外贸易的若干意见》	2012 年 3 月
物流快递	国务院办公厅	《国务院办公厅关于印发"十四五"现代物流发展规划的通知》	2022 年 12 月
	国务院办公厅	《国务院办公厅关于加快发展流通促进商业消费的意见》	2019 年 8 月
	交通运输部、税务总局	《交通运输部 国家税务总局关于印发〈网络平台道路货物运输经营管理暂行办法〉的通知》	2019 年 9 月
	中共中央、国务院	《中共中央 国务院印发〈交通强国建设纲要〉》	2019 年 9 月
	国家发展改革委等多部委	《关于推动物流高质量发展促进形成强大国内市场的意见》	2019 年 2 月
	交通运输部	《交通运输部关于印发〈数字交通发展规划纲要〉的通知》	2019 年 7 月
	交通运输部	《交通运输部关于印发〈推进综合交通运输大数据发展行动纲要（2020—2025 年）〉的通知》	2019 年 12 月
	国务院办公厅	《国务院办公厅关于印发推进运输结构调整三年行动计划（2018—2020 年）的通知》	2018 年 10 月
	国家发展改革委、交通运输部	《国家发展改革委 交通运输部关于印发〈国家物流枢纽布局和建设规划〉的通知》	2018 年 12 月
	交通运输部	《交通运输部办公厅关于印发深入推进长江经济带多式联运发展三年行动计划的通知》	2018 年 8 月
	财政部办公厅、商务部办公厅	《关于开展 2018 年流通领域现代供应链体系建设的通知》	2018 年 5 月
	商务部等 10 部门	《商务部等 10 部门关于推广标准托盘发展单元化物流的意见》	2017 年 12 月
	国务院办公厅	《国务院办公厅关于积极推进供应链创新与应用的指导意见》	2017 年 10 月

分类	发布部门	名称	发布时间
物流快递	国务院办公厅	《国务院办公厅关于进一步推进物流降本增效促进实体经济发展的意见》	2017 年 8 月
	国务院办公厅	《国务院办公厅关于加快发展冷链物流保障食品安全促进消费升级的意见》	2017 年 4 月
	国家邮政局	《快递业发展"十三五"规划》	2017 年 2 月
	国家发展改革委	《发展改革委关于印发〈"互联网＋"高效物流实施意见〉的通知》	2016 年 7 月
	国务院	《国务院关于促进快递业发展的若干意见》	2015 年 10 月
	国务院法制办公室	《〈快递条例（征求意见稿）〉公开征求意见的通知》	2015 年 11 月
	国家邮政局	《寄递服务用户个人信息安全管理规定》	2014 年 3 月
	国务院	《国务院关于印发物流业发展中长期规划（2014—2020 年）的通知》	2014 年 10 月
	国家邮政局	《国家邮政局关于印发〈无法投递又无法退回邮件管理办法〉的通知》	2014 年 1 月
	国家邮政局	《国家邮政局关于印发〈快递企业等级评定管理办法（试行）〉的通知》	2011 年 8 月
	国家邮政局	《国家邮政局关于印发〈快递业务操作指导规范〉的通知》	2011 年 7 月
权益/保护篇	原国家工商总局	《网络购买商品七日无理由退货暂行办法》	2020 年 11 月
	原国家工商总局	《侵害消费者权益行为处罚办法》	2015 年 1 月
	最高人民法院	《最高人民法院关于审理利用信息网络侵害人身权益民事纠纷案件适用法律若干问题的规定》	2014 年 8 月
	全国人大常务委会	《中华人民共和国消费者权益保护法》	1993 年 10 月

多年来，国家有关部门包括国务院办公厅、国家发展改革委、商务部、财政部、海关总署、税务总局、国家邮政局等，陆续出台了一系列政策文件，积

极促进电商行业健康发展。商务部等有关部门重点推进跨境电商，取得六大显著成就，包括地方经济重要引擎，生态圈建设日趋成熟，跨境交易增长迅猛，国际合作加快推进，地方政策密集出台，中欧班列提速物流。工业和信息化部等有关部门重点支持工业电商，创造出新的商业投资"风口"，主要体现为规模效应显著、顶层设计明确、平台扶持强化、理论发展成型、地方政策推动、互联网巨头转型。在行业综合治理方面，由市场监管总局等八部门发起的网剑行动，紧抓网络促销节点，充分利用部门失信联合惩戒利器，极大净化了市场环境。

特别是2018年，第十三届全国人民代表大会常务委员会第五次会议经表决通过《中华人民共和国电子商务法》。该法共七章89条，主要对电子商务经营者、电子商务合同的订立与履行、电子商务争议解决、电子商务促进和法律责任这五部分做了相应规定。该法自2019年1月1日起施行，在诸多方面对社会关切的问题进行了细致的规定，从电子商务经营者义务的角度提出要求，规定了其严格的法律责任，这为未来电商发展奠定了基础。《中华人民共和国电子商务法》的出台，使电商行业更加规范和系统化，在经历了20多年的增长之后，电商迎来了有法可依的时代。该法实施之后，部分小玩家被迫出局，代购们被迫进行一轮大洗牌，规范化经营的电商卖家将会获得更多发展机会，市场告别野蛮生长逐渐走向成熟，同时推动公共数据共享机制建立，促进电子商务经营者依法利用公共数据。

3.1.2　农产品电子商务发展相关的法律法规及支持政策

近年来，我国农村、生鲜农产品电商发展迅猛，成绩斐然。根据商务部大数据监测，2018年1—11月，全国农村网络零售额达1.24万亿元，同比增长31.0%，全国农产品网络零售额达2013.5亿元，同比增长33.6%。另据测算，我国农村网店规模已超千万家，带动就业人数超3000万。阿里、京东、苏宁、拼多多等电商企业都把开拓县域及农村电商市场作为企业的重要发展战略，加强各方面资源投入。政府部门也高度重视促进农村电商发展，商务部、财政部、国务院扶贫办等部门联合开展的"电子商务进农村综合示范县"评比，成为推进我国农村地区电子商务基础设施完善和促进精准扶贫的重要载体。截至2019年1月底，电商进农村示范县已达1016个，其中国家级贫困县 737 个，覆盖全国贫困县总数的 88.6%，累计服务 2.4 万个贫困村的建档立卡贫困户 837.6 万人，户均增收 800 元。

历经 20 多年的发展，我国电商继图书、服装、3C 三轮电商热潮后，现已进入第四轮电商热潮，即生鲜农产品电商时代。2019 年，《数字乡村发展战略纲要》的发布标志着中国生鲜农产品电商进入数字生鲜农产品电商的新时代。近年来我国电子商务发展迅猛，不仅创造了新的消费需求，引发了新的投资热潮，开辟了就业增收新渠道，为大众创业、万众创新提供了新空间，而且电子商务正加速与制造业融合，推动服务业转型升级，催生新兴业态，成为提供公共产品、公共服务的新力量，成为经济发展新的原动力。与此同时，电子商务发展面临管理方式不适应、诚信体系不健全、市场秩序不规范等问题，亟须采取措施予以解决。为减少束缚电子商务发展的体制机制障碍，进一步发挥电子商务在培育经济新动力、打造"双引擎"、实现"双目标"等方面的重要作用，在法律法规及支持政策方面，2015—2019 年，国务院及各部委密集出台关于农村电商的重磅文件，力挺农业、农村、生鲜农产品电商发展。国家有关部门高度重视农村电商发展，在规划指引、专项扶持、农产品进城、政企合力、财政投入、品牌提升等方面给予了极大支持。在地方层面，积极发展电子商务已成为很多地方发展经济、惠及民生的重要选项，同时出台了大量优惠扶持政策，比如建立机构、干部帮扶、资金支持、平台合作、培养人才、优化环境等。对此，特对近年来国家对农产品电子商务、冷链物流发展所出台的相关法律法规及政策进行了收集与整理，如表 3-2 所示。

表 3-2　　　　　农产品电子商务、冷链物流发展相关的法律法规及政策

发布部门	名称	发布时间
国务院	《国务院关于大力发展电子商务加快培育经济新动力的意见》	2015 年 5 月
国家发展改革委、原国家粮食局、财政部	《国家发展改革委 国家粮食局 财政部 关于印发〈粮食收储供应安全保障工程建设规划（2015—2020 年）〉的通知》	2015 年 3 月
国务院办公厅	《国务院办公厅关于促进农村电子商务加快发展的指导意见》	2015 年 11 月

续 表

发布部门	名称	发布时间
中共中央、国务院	《中共中央 国务院关于落实发展新理念加快农业现代化 实现全面小康目标的若干意见》	2015 年 12 月
国务院	《国务院关于深入推进新型城镇化建设的若干意见》	2016 年 2 月
国务院办公厅	《国务院办公厅关于深入实施"互联网＋流通"行动计划的意见》	2016 年 4 月
原农业部	《"十三五"全国农业农村信息化发展规划》	2016 年 9 月
国务院	《国务院关于印发全国农业现代化规划（2016—2020 年）的通知》	2016 年 10 月
商务部	《商务部关于促进农村生活服务业发展扩大农村服务消费的指导意见》	2016 年 10 月
国家发展改革委	《国家发展改革委关于印发〈全国农村经济发展"十三五"规划〉的通知》	2016 年 10 月
国务院扶贫办等16 部门	《关于促进电商精准扶贫的指导意见》	2016 年 11 月
国务院	《国务院关于印发"十三五"脱贫攻坚规划的通知》	2016 年 12 月
国务院办公厅	《国务院办公厅关于进一步促进农产品加工业发展的意见》	2016 年 12 月
商务部、中央网信办、国家发展改革委	《电子商务"十三五"发展规划》	2016 年 12 月
中共中央、国务院	《中共中央 国务院关于深入推进农业供给侧结构性改革 加快培育农业农村发展新动能的若干意见》	2016 年 12 月
原农业部	《农业部关于推进农业供给侧结构性改革的实施意见》	2017 年 1 月
国务院办公厅	《国务院办公厅关于加快发展冷链物流保障食品安全促进消费升级的意见》	2017 年 4 月
商务部、原农业部	《商务部 农业部关于深化农商协作 大力发展农产品电子商务的通知》	2017 年 9 月
国务院办公厅	《国务院办公厅关于加快推进农业供给侧结构性改革大力发展粮食产业经济的意见》	2017 年 9 月

续　表

发布部门	名称	发布时间
财政部办公厅、商务部办公厅、国务院扶贫办综合司	《关于开展 2018 年电子商务进农村综合示范工作的通知》	2018 年 5 月
中共中央办公厅、国务院办公厅	《中共中央办公厅 国务院办公厅印发〈数字乡村发展战略纲要〉》	2019 年 5 月
交通运输部办公厅	《交通运输部办公厅关于深化交邮融合推广农村物流服务品牌的通知》	2019 年 9 月
交通运输部、国家邮政局、原中国邮政集团公司	《交通运输部 国家邮政局 中国邮政集团公司关于深化交通运输与邮政快递融合推进农村物流高质量发展的意见》	2019 年 8 月
国家发展改革委办公厅等 4 部门	《关于支持推进网络扶贫项目的通知》	2019 年 9 月
国务院	《中华人民共和国食品安全法实施条例》	2019 年 10 月
财政部办公厅、商务部办公厅、国家乡村振兴局综合司	《关于开展 2021 年电子商务进农村综合示范工作的通知》	2021 年 5 月
国务院办公厅	《国务院办公厅关于印发"十四五"冷链物流发展规划的通知》	2021 年 12 月
财政部办公厅、商务部办公厅	《关于支持加快农产品供应链体系建设 进一步促进冷链物流发展的通知》	2022 年 5 月
中华全国供销合作总社	《供销总社发布〈全国供销合作社"十四五"公共型农产品冷链物流发展专项规划〉》	2022 年 2 月
中央网络安全和信息化委员会办公室、农业农村部、工业和信息化部、国家市场监督管理总局	《中央网信办等四部门关于印发〈数字乡村标准体系建设指南〉的通知》	2022 年 9 月

续　表

发布部门	名称	发布时间
中央财办、中央农办、商务部、农业农村部、国家发展改革委、财政部、交通运输部、市场监管总局、国家邮政局	《中央财办等部门关于推动农村流通高质量发展的指导意见》	2023 年 8 月
国务院	《中共中央 国务院关于做好 2023 年全面推进乡村振兴重点工作的意见》	2023 年 1 月

总之,在政策的基本取向和环境方面,面对电子商务这一全新事物,国家尊重互联网创业者的首创精神,相信和依靠电子商务市场的自我管理与净化能力,秉持"先发展、后管理,在发展中逐步规范"的思路,致力于营造一个较为宽松的政策环境。因此,2023 年中央一号文件再次聚焦乡村振兴,提出"加快农业农村大数据应用,推进智慧农业发展"。农村电商不能只是买卖,而是要去赋能乡村,数字乡村战略又帮助农村电商解决农产品品质问题和互联网用户教育问题。因此,数字乡村战略政策将会给农村电商扫清障碍,助力其发展。农村电商发展的关键之一是物流体系的建立,只有物流体系逐步完善,农村电商才可以实现"农产品出得去,工业品进得来"。对此,生鲜农产品电商企业只有紧跟国家政策,快速调整自己,才能迎接美好未来。

3.2　经济环境

3.2.1　宏观经济状况

2022 年,世纪疫情与百年变局交织,国际环境风高浪急,全球流动性快速收缩,世界经济滞胀风险加大,国内需求收缩、供给冲击、预期转弱三重压力叠加,疫情反复延宕、高温干旱等超预期因素影响明显,二季度前期经济一度出现下滑。面对困难局面,党中央、国务院果断决策,及时出台稳经济政策举措。党的二十大胜利召开，擘画了全面建设社会主义现代化国家、以中国式现代化全面推进中华民族伟大复兴的宏伟蓝图。面对风高浪急的国际环境和艰巨繁重的国内改革发展稳定任务，在以习近平同志为核心的党中央坚强领导下，各地区各部门坚持以习近平新时代中国特色社会主义思想为指导，按照党中央、国务院决策部署，统筹国内国际两个大局，统筹疫情防控和经济社会发展，统筹发展和安全，坚持稳中求进工作总基调，完整、准确、全面贯彻新发展理念，加快构建新发展格局，着力推动高质量发展，加大宏观调控力度，应对超预期因素冲击，经济保持增长，发展质量稳步提升，创新驱动深入推进，改革开放蹄疾步稳，就业物价总体平稳，粮食安全、能源安全和人民生活得到有效保障，经济社会大局保持稳定，全面建设社会主义现代化国家新征程迈出坚实步伐。

初步核算，全年国内生产总值 1210207 亿元，比上年增长 3.0%。其中，第一产业增加值 88345 亿元，比上年增长 4.1%；第二产业增加值 483164 亿元，增长 3.8%；第三产业增加值 638698 亿元，增长 2.3%。第一产业增加值占国内生产总值比重为 7.3%，第二产业增加值比重为 39.9%，第三产业增加值比重为 52.8%。全年最终消费支出拉动国内生产总值增长 1.0 个百分点，资本形成总额拉动国内生产总值增长 1.5 个百分点，货物和服务净出口拉动国内生产总值增长 0.5 个百分点。全年人均国内生产总值 85698 元，比上年增长 3.0%。国民总收入 1197215 亿元，比上年增长 2.8%。全员劳动生产率为 152977 元 / 人，比上年提高 4.2%。

3.2.2　农业经济发展

农业基础地位夯实。粮食生产喜获丰收，确保了"谷物基本自给、口粮绝对安全"。我国粮食安全保障能力持续提升，粮食生产实现"十九连丰"。全年粮食种植面积 11833 万公顷，比上年增加 70 万公顷，全年粮食产量 68653 万吨，比上年增加 368 万吨，增产 0.5%，为历史最高水平，也居世界第一。种植结构进一步优化，稻谷、小麦、玉米、棉花面积减少，但大豆、油料、糖料、蔬菜面积增加。

3.2.3 消费品零售市场

我国经济发展深入挖掘和激发国内需求潜力，培育拓展新的商品和服务消费增长点，活跃城乡线上线下市场，促进消费提质扩容，增加补短板、增后劲的有效投资，内需潜力持续释放，有力带动经济增长，消费拉动经济增长作用明显。内需对经济增长贡献率提高。2022 年，内需增长对经济增长的贡献率达 82.9%，比上年提高 4.8 个百分点，全年社会消费品零售总额 439733 亿元，稍有下降，乡村消费品零售额 59285 亿元，与上年基本持平。全年限额以上单位商品零售额中，粮油、食品类零售额比上年增长 8.7%，全年实物商品网上零售额 119642 亿元，比上年增长 6.2%，占社会消费品零售总额的比重为 27.2%。

3.2.4 城乡居民收入增长

我国坚持在推动经济增长的同时实现居民收入同步增长，多措并举促进城乡居民增收，落实个人所得税专项附加扣除政策，人均国内生产总值和居民收入水平再上新台阶。人均 GDP 实现新跃升。2022 年，年末常住人口城镇化率为 65.22%，比上年提高 0.5 个百分点；城乡居民人均可支配收入比值为 2.45，比上年缩小 0.05。全年全国居民人均可支配收入 36883 元，比上年增长 5.0%，扣除价格因素，实际增长 2.9%。全国居民人均可支配收入中位数 31370 元，增长 4.7%。京津冀协同发展、长江经济带发展、粤港澳大湾区建设、长三角一体化发展、黄河流域生态保护和高质量发展等重大战略稳步推进，区域经济布局继续优化。

3.2.5 居民消费

我国坚持以人民为中心，持续增加民生投入，加快发展社会事业，推进基本公共服务均等化，社会保障体系更加完善，保障水平持续提升，人民群众幸福感获得感不断增强。收入水平不断提高、社会保障继续完善，让人民群众"有钱花、敢花钱、花好钱"。2022 年，全年全国居民人均消费支出 24538 元，比上年增长 1.8%，扣除价格因素，实际下降 0.2%。其中，人均服务性消费支出 10590 元，比上年下降 0.5%，占居民人均消费支出的比重为 43.2%。按常住地分，城镇居民人均消费支出 30391 元，增长 0.3%，扣除价格因素，实际下降 1.7%；农村居民人均消费支出 16632 元，增长 4.5%，扣除价格因素，实际增长 2.5%。全国居民恩格尔系数为 30.5%，其中城镇为 29.5%，农村为 33.0%。消费升级发展态势明显。随着中等收入群体规模扩大和人民生活水平不断提高，发展享受型消费快速增长，旅游、文化、健康、养老等新兴消费方兴未艾。教育文化娱乐支出占 10.1%。旅游市场持续升温，自驾游、乡村游、民俗游等特色旅游备受青睐。2023 年 1 月至 6 月，我国乡村消费品零售额约 3 万亿元，增速达到 8.4%，较社会消费品零售总额增速快 0.2 个百分点，乡村消费不断创新高。

3.2.6　电商经济运行趋势分析

电子商务是通过互联网等信息网络销售商品或者提供服务的经营活动，是数字经济和实体经济的重要组成部分，是催生数字产业化、拉动产业数字化、推进治理数字化的重要引擎，是提升人民生活品质的重要方式，是推动国民经济和社会发展的重要力量。我国电子商务已深度融入生产生活各领域，在经济社会数字化转型方面发挥了举足轻重的作用。"十四五"时期，电子商务将充分发挥联通线上线下、生产消费、城市乡村、国内国际的独特优势，全面践行新发展理念，以新动能推动新发展，成为促进强大国内市场、推动更高水平对外开放、抢占国际竞争制高点、服务构建新发展格局的关键动力。

随着数字经济、物流体系逐步向农村延伸，网购消费融入百姓生活，"互联网＋"消费成为经济增长重要"引擎"和经济发展新动能。互联网的飞速发展使居民消费方式发生了深刻的变化，"互联网＋"经济方兴未艾，网购消费模式创新持续成经济增长新亮点。伴随着科学技术的发展，电商行业逐渐融入更多先进的技术，为受众提供更多的服务以及更新颖的展现方式，开启了属于自己的专属 2.0 时代。一是抖音、快手等短视频平台更是快速崛起，成了新的流量入口。二是智能物流会借助物联网技术，实现物品实时追踪、自动化控制，构建智能物流网络，大大提高物流效率。缩短路程时间，相信今后会被越来越多地电商企业所应用。三是"数智人""ChatGPT"已经被越来越多的电商企业所应用，这也证明了 AI 技术是强大。今后也会有越来越多的企业实现销售助手、店铺智能推荐、聊天机器商品搜索、智能客服等功能，这些功能可以助力企业提升用户体验，减少人力成本，帮助电商企业实现运营，在 2023 年将会有更多的电商企业开始投入 AI 技术，以此来提高业务效率。四是智能营销已经逐步进入了电商市场，智能营销可以根据用户的兴趣、行为、购买意图等因素，分析用户兴趣，实现人性化推荐，提升用户购买意愿，以及帮助电商企业提高营销效率。智能营销可以更加地将用户带入购物流程，提高用户的购买欲望，以此来推动电商发展。五是电商"运营＋服务"模式赋能营销。直播产业已然不是一个可以随意入局的产业了。除了商家、主播、平台的基础三件套外，还涉及整合营销服务的 MCN 机构、数据技术服务商、仓储物流供应链平台等多方配对，任何一个环节的缺失都将可能获得"差评"。"代运营服务"是专业团队为您提供高性价比的短视频运营服务，可以一站式帮助企业完成营销推广。从抖音号搭建、营销组件设置及权重提升、短视频全矩阵同步、原创精品短视频、短视频搜索优化、AI 数字人直播等方面着手，赋能运营效果。

3.3 社会环境

《扩大内需战略规划纲要（2022—2035 年）》提出，最终消费是经济增长的持久动力，要顺应消费升级趋势，提升传统消费，培育新型消费，扩大服务消费，适当增加公共消费，着力满足个性化、多样化、高品质消费需求。在消费升级的背景下，生鲜农产品需求不断上升，同时新零售的到来使生鲜农产品电商线上线下新兴业态受到消费者的热捧。门店、前置仓、配送半径三公里半小时送达的服务，进一步提升了生鲜消费体验，而生鲜消费需求崛起的同时带动了流通环节的冷链物流基础设施的迅速发展。

3.3.1 居民消费理念从感觉消费向感性消费转变，绿色消费与责任消费兴起

随着经济的发展和时代变迁，消费从理性时代演变到感觉时代，进而再

到感性时代，是生活的积淀，也是社会的变迁。消费品的发展没有消亡的时刻，有的仅仅是更新换代的主题演变。消费理念是指人们在日常生活消费过程中对消费的看法、态度、意识和观念，是人们的价值观在消费活动中的具体体现，是人们对待其可支配收入的指导思想、态度以及对商品价值追求的取向，也是消费者主体在进行或准备进行消费活动时对消费对象、消费行为方式、消费过程、消费趋势的总体认识评价与价值判断。

消费理念的变化与形成是与一定社会生产力的发展水平及社会、文化的发展水平相适应的。经济发展和社会进步使人们逐渐摒弃了自给自足、万事不求人等传统消费观念，代之以量入为出、方便快捷、注重消费效益、注重从消费中获得更多的精神满足等新型消费观念。居民消费理念从"重品牌，重式样，重使用"的感觉消费向"商品是否具有激活心灵的魅力，在购买和消费过程中是否能够带来心灵上的满足"的感性消费转变。消费不但是经济问题，而且是伦理问题。在当今社会，越来越多的人已经认识到某些消费主义生活方式的不合伦理性、不可持续性，责任消费理念因此而形成。比如，带动文化消费成为消费热点、引领共享消费成为消费潮流、倒逼企业生产绿色消费产品等被越来越多的人所注意到。

习近平总书记在中共十九大报告中明确指出，要建立健全绿色低碳循环发展的经济体系，倡导绿色低碳的生活方式。绿色消费是在我国经济发展到一定阶段，人们生活质量普遍提高，环保意识、生态意识普遍得到增强的大背景下被提出的。对生鲜农产品而言，消费者不仅对农产品数量、价格、质量、品牌有要求，而且更加注重生鲜农产品的质量、营养、安全和功能。在购买、消费生鲜农产品的过程中，生鲜农产品满足人们对消费的休闲功能、保健功能、心理需要、精神需要、增进健康、促进人的全面发展的需求更加突出，人们更加注重消费安全和对环境的保护。因此，生鲜农产品市场竞争变得日益激烈，而消费者却变得越来越挑剔。生鲜农产品的卖方不仅必须使其商品具有竞争能力，而且更重要的是要真正认清消费者的需求，根据顾客的需求来规划自身的经营活动，生产出符合居民需求的产品和服务，激起和满足顾客的欲望，把顾客作为整个市场活动的起点和中心，一切从顾客出发，一切为了顾客。

3.3.2 消费升级、需求驱动培育了电子商务发展的沃土，电子商务模式不断创新

近几年，我国电子商务从非主流商品到主流商品的变化、从单一行业到多行业的拓展、从城市到农村的地域扩展等方面取得了显著成就。

随着我国互联网普及率的提高，电子商务发展插上了腾飞的翅膀，其发展速度有目共睹，可谓全球电子商务的领先者。推动消费升级、拉动内需增长，正在成为近年来我国经济增长的重要动力来源，同时也为电子商务提供了沃土。消费成为促进经济增长的重要"引擎"，网络消费成为经济发展的新动能。我国经济转型的持续推进，消费需求的扩大可以增加经济增长的内生动力，而网络消费快速增长，市场占有率在迅速提高。随着物流体系在偏远农村逐渐发展，网络零售以其方便快捷和价格优势，改变了人们的消费环境，"互联网+"带动消费市场快速发展，网络交易总额不断攀升。此外，电子商务也反向释放、满足了大量没有被有效满足的消费需求。

电子商务未来发展能力来源是数据，也就是我们有大量电子商务顾客行为数据，利用这些数据充分产生它们的价值，这也是电子商务盈利的最高层次。而数据也有一个逐渐升级的过程，原始的数据是零散的，价值非常小，而这些数据经过过滤、分析而成为信息，在信息的基础之上建立模型来支持决策，就成了我们的知识。这些知识能够做预测，能够举一反三，能够悟出道理，就成了我们的智慧。所以在整个升级（数据升级和数据价值的升级）的过程中，就充分地体现大数据的价值。

3.3.3 网络用户规模日益扩大，是电商发展的基础

经过多年的市场培育和发展，网络购物用户数量大幅增加，网上零售市场交易额快速增长，其市场地位明显提升，这对拉动消费和促进消费结构升级起到了重要作用。从网购用户规模看，网络零售继续保持增长，成为扩大内需、拓展消费的重要力量。截至 2022 年 12 月，我国网络购物用户规模达 8.45 亿，较 2021 年 12 月增长 319 万，占网民整体的 79.2%。根据中国互联网络信息中心发布的统计报告显示，截至 2019 年 6 月，我国网民规模达 8.54

亿，较 2018 年年底增长了 2598 万，互联网普及率达 61.2%，较 2018 年年底提升了 1.6 个百分点；我国手机网民规模达 8.47 亿，较 2018 年年底增长了 2984 万，网民使用手机上网的比例达 99.1%，较 2018 年年底提升了 0.5 个百分点。与 2014 年相比，移动宽带平均下载速率提升约 6 倍，手机上网流量资费水平降幅超 90%。"提速降费"推动移动互联网流量大幅增长，用户月均使用移动流量达 7.2GB，为全球平均水平的 1.2 倍；移动互联网接入流量消费达 553.9 亿 GB，同比增长 107.3%。我国网络购物用户规模达 6.39 亿，较 2018 年年底增长了 2871 万，网络购物用户占网民整体的 74.8%。网络购物市场保持较快发展，下沉市场、跨境电商、模式创新为网络购物市场提供了新的增长动能：在地域方面，以中小城市及农村地区为代表的下沉市场拓展了网络消费增长空间，电商平台加速渠道下沉；在业态方面，跨境电商零售进口额持续增长，利好政策进一步推动行业发展；在模式方面，直播带货、工厂电商、社区零售等新模式蓬勃发展，成为网络消费增长新亮点。

3.3.4 巨型互联网商业平台及其生态系统，是推动中国电商发展的直接驱动力

财富 Plus App 发布了 2023 年《财富》中国 500 强排行榜，在 500 强企业中，互联网服务和零售行业共有 15 家企业入选，其中，京东以 155533.3 百万美元的营收排名全国第 16，是互联网服务和零售行业排名最高的企业，其次是阿里巴巴，以 126.812.5 万美元的营收排名全国第 21。平台企业已经成为经济增长的新引擎，同时也是信息时代较为突出和重要的产业组织形态，并开始实质性地重塑当代市场经济的微观基础。与工业时代以线性、垂直的供应链为主要形态的产业组织方式不同，信息时代的平台模式是一种以"大平台＋小前端＋富生态"为原型结构的、网状的产业组织方式。今天已经实现的"云＋端""共享平台＋多元应用"或"大平台＋小前端""基础平台＋增值业务"等，即平台模式的典型代表。

就中国电子商务领域来看，阿里巴巴、支付宝等平台企业，以及京东、当当等具有平台属性的企业，其自身就是电子商务服务业的重要主体。它们同时还集成了 IT、金融、物流、信用体系、商品体系、咨询、营销等方面的

众多服务流程、模块与服务商，在过去十多年来它们已经成为推动电子商务发展最为重要的驱动力。

3.3.5 食品安全依然是关注焦点，电商网购成为农产品溯源的新方式

自古"民以食为天，食以安为先"，食品安全从古至今都是我们无法逃避的现实问题。随着环境污染愈发严重，我们吃的每一份食物，都可能成为致病的诱因。2013 年的食品安全事件，如猪肉、羊肉和牛肉问题，加剧了消费者的担忧，因此食品安全在中国仍将是一个重要的研究课题。消费者和专家都认可这一观点的重要程度，84% 的消费者认为食品能否溯源是他们决定是否购买的重要因素。

在移动互联时代，少数农产品电子商务平台正朝着以平台模式实现农产品溯源的方向发展，做好供需双方对接，以提升农产品的供应链效率，逐步建立农产品溯源体系。平台不仅可以满足消费者的知情权，提高公众对农产品质量安全的信任；还可以将农产品生产者的标准体系置于公众视野，约束生产者依标生产，真正做到源头控制，有效提高农产品安全水平。同时，消费者资源的提供者还应充分考虑信息获取和查找的便利性，通过设定专门针对消费者的入口，运用精细分类、搜索引擎等多种方式方便消费者查找。消费者在购买食品时一般会查找一些可信任的因素，一方面依赖"朋友推荐"和"网上产品评论"判断食品安全，另一方面可以根据电商数据进行产品溯源。电子商务的社交媒体为消费提供保证并在引导消费者方面扮演更重要的角色，伴随着这些较小规模的以消费者为主导的应对举措的出现，已经在很大程度上起到了对农产品安全的监督作用。

3.3.6 城镇化进程与乡村物流快递发展速度加快

"十三五"以来，新型城镇化取得重大进展，城镇化水平和质量大幅提升，2020 年年末全国常住人口城镇化率达到 63.89%，户籍人口城镇化率提高到 45.4%。农业转移人口市民化成效显著，户籍制度改革取得历史性突破，1亿农业转移人口和其他常住人口在城镇落户目标顺利实现，居住证制度全面实施，基本公共服务覆盖范围和均等化水平显著提高。城镇化空间格局持续

优化，"两横三纵"城镇化战略格局基本形成，中心城市和城市群成为带动全国高质量发展的动力源，京津冀、长三角、珠三角等城市群国际竞争力显著增强，城市规模结构进一步优化。根据《国家新型城镇化规划（2021—2035年）》要求，到 2025 年，全国常住人口城镇化率稳步提高，户籍人口城镇化率明显提高，户籍人口城镇化率与常住人口城镇化率差距明显缩小。

城镇化水平大幅提升不仅可以创造更多的就业机会，增进民生福祉，还将带动住房、城市基础设施建设、公共服务等方面的投资和消费需求。城镇化聚集在拉动经济创造需求的同时为快递、仓储、配送等新物流模式创造了规模效应。巨大的订单量和规模效应下干线运输、集中仓储、末端配送的边际成本都持续下降，这引导快递物流运价同步下调，价格降低又反过来刺激快递物流订单量的更大增长，形成了正向循环。

为了解决农村消费面临的商品流通成本高和服务供给不足等问题，国家发展改革委将积极推进农村物流的畅通，提高农村物流的效率和服务质量。此外，还将积极发展直播电商，通过直播的方式，将农产品、特色产品等直接推介给农村居民，让他们能够更方便地购买到优质的商品。通过这些举措，可以降低农产品的运输和配送成本，进一步促进农村消费的发展。目前农村快递成新增长点，"数商兴农"初见成效，"快递＋电商＋农业"成精准扶贫模式。农村电商成为电子商务发展的一大亮点。2022 年中央一号文件提出实施"数商兴农"工程，着眼于改善农村电商的服务基础设施、提升农村产品网货化能力，助力国家"乡村振兴"战略实施。商务部引人公益资金支持持续开展"三品一标"认证帮扶，截至 2022 年年底，累计培训农产品企业 2418 家，确定资助 667 家。商务部指导各地方和电商企业举办"数商兴农"专场活动，带动地理标志产品和各地农特产品销售；指导中国电商乡村振兴联盟开展助农帮扶，帮助对接销售农产品累计超 400 亿元。随着"数商兴农"工程深入实施，工业品下乡、农产品进城的农村电商双向流通格局得到巩固提升，直播电商、社区电商等新型电子商务模式在农村和农产品网络零售领域不断创新发展，在促进农产品上行、更好保障农产品有效供给等方面发挥了重要作用，"快递＋电商＋农业"成为精准扶贫模式的标配。

3.3.7 绿色包装、绿色物流快递产业的规范化发展

包装行业是全球性的、持续发展的产业。第二次世界大战以后，伴随着世界经济的恢复和现代商业、物流产业的快速发展，包装产业迅速在全球崛起。包装行业作为万亿级收入规模的产业，已经成为我国国民经济发展的重要产业之一。由于具备保护商品、便于流通、方便消费、促进销售、提升附加值等多重功能，包装在现代社会得到越来越广泛的应用，它已成为电子商务流通中不可或缺的组成部分，能够推动电子商务高速发展。目前，产品包装已经由商品的附属组成部分逐步提升为商品的重要组成部分，包装产业也已经从一个分散的行业变成了一个以纸、塑料、金属、玻璃、软木、专用设备为主要产品的工业体系。

随着电商及物流产业的规模在国民经济中的地位日益突出，包装耗材的低碳化、环保化亟待加强。包装对环境的压力日益增大，国家对包装行业转型发展也越来越重视。有关数据显示，2022 年，中国快递业运输环节碳排放 3491 万吨，占比 62.7%。推动快递业减碳，需要运输环节深度减排，截至 2023 年 9 月底，全国电商快件不再二次包装比例超过 90%，使用可循环包装的邮件快件超 8 亿件，我国快递包装绿色治理工作取得初步成效，快递业加快绿色低碳发展步伐。市场规模稳步扩大的同时，行业绿色低碳发展的使命更加艰巨。

2023 年 9 月市场监管总局（国家标准委）发布 2023 年第 10 号国家标准公告，《限制商品过度包装要求 生鲜食用农产品》（GB 43284—2023）强制性国家标准发布。该标准的发布实施，将为强化商品过度包装全链条治理、引导生鲜食用农产品生产经营企业适度合理包装、规范市场监管提供执法依据和基础支撑。引导生鲜食用农产品生产经营主体尽快开展对标达标自评、合理选用包材、规范包装设计的同时，倡导消费者自觉践行绿色消费理念，不选购过度包装的生鲜食用农产品。

3.4 科学技术环境

随着直播、智能终端等的推广，生鲜农产品电商消费越来越休闲化、娱乐化和体验化。大数据、云计算技术的应用有利于生鲜农产品电商精细分析消费者喜好，加强库存管理，提升运行效率。同时，随着基于物联网技术的冷链物流的发展，生鲜农产品电商物流逐渐实现标准化、低损耗化。

3.4.1 物联网技术的应用

与 RFID 相关联的物联网技术在 2009 年受到空前的重视。首先是美国总统奥巴马就职后，将"物联网"列为振兴经济的"武器"。随后物联网迅速升温，在《国务院关于印发物流业调整和振兴规划的通知》中提出启动物联网的前瞻性研究工作，物联网技术研发进入了一个快速的发展期。物联网是新一代信息技术的重要组成部分，是指通过 RFID、红外感应器、全球定位系统、激光扫描器等信息传感技术与设备，按约定的协议，把物品与互联网相连接，进行信息交换和通信，实现对物品的智能化识别、定位、跟踪、监控和管理的一种网络，即"物物相连的互联网"。物联网的核心和基础是互联网，不过其用户端不仅局限于个人电脑，而且延伸到任何需要实时管理的物品和物品之间。物联网通过智能感知、识别技术与普适计算、泛在网络的融合应用，成为继计算机、互联网之后世界信息产业发展的第三次浪潮。

3.4.2 RFID 技术的应用

RFID 被认为是物联网的四大关键技术之首，在物联网发展中具有举足轻重的地位。RFID 即射频识别技术，又称无线射频识别，它是一种通信技术，可以通过无线电信号读写相关数据来识别特定目标，而无须在识别系统与特定目标之间建立机械或光学接触。从概念上来讲，RFID 类似于条码扫描，条码技术是将已编码的条码附着于目标物，并使用专用的扫描读写器利用光信号将信息由条码传送到扫描读写器；而 RFID 则使用 RFID 读写器及可附着于目标物上的 RFID 标签，利用射频信号将信息由 RFID 标签传送至 RFID 读写器。从结构上讲，RFID 是一种简单的无线系统，只有两个基本器件，该系统用于控制、检测和跟踪物体，由一个询问器和很多应答器组成。同时，RFID 是一种易于操控、简单实用且特别适用于自动化控制的灵活应用技术，其识别工作无须人工干预。它既支持只读工作模式也支持读写工作模式，且无须接触或瞄准。此外，RFID 可在各种恶劣环境下工作：短距离射频产品在油渍、灰尘污染等恶劣的环境中可以替代条码，例如用在工厂的流水线上跟踪物体；长距射频产品多用于交通，识别距离可达几十米，如自动收费或识别车辆身份等。

3.4.3 人工智能、VR 技术的应用

人工智能是计算机科学的一个分支，它企图了解智能的本质，并生产出一种新的能以与人类智能相似的方式做出反应的智能机器。从 AlphaGo 到无人便利店，人工智能正在深入地影响着各行各业，甚至引发了一系列行业革命。如今电商创业已经成为时尚潮流，最为火热的人工智能在电商中的应用更是备受电商创业者们关注。在海淘电商平台或店铺的商品详情页生成、商品去重、后台商品管理、比价、流行趋势分析等方面，人工智能都能发挥显著的作用。而且，相较于传统的纯人工操作，有了人工智能的海淘电商运营更精准、更快、更"周到"。人工智能已经可以自动生成商品详情页面，通过图像识别功能，实现商品图像自动分类、商品属性自动生成功能，使商品一键上架不再是难事。人工智能可以提供高效的商品去重服务，提高 SKU 管理和运营效率。通过"以图搜图"技术，可以实现快速上架拍照找商品功能，快速查找明星同款或海淘爆款。人工智能图搜商品，一方面可以优化商家采购速度，另一方面可以帮助电商用户更好地搜索需求的商品。从海量商品中找到用户需要的，只需不到 1 秒！这样企业大大降低运营成本，提高运营效率，提升购买转化率。

通过京东的 VR 虚拟现实技术，用户能够在这个卖场中体验到线下购物的真实感，通过 VR 控制器可以拿起选中的商品，360 度地查看；同时，用户更能体验到线下购物无法提供的丰富信息，例如他们可以探查产品的内部结构，详细了解产品的功能特性。在实际应用中，通过手势、声纹等多种形

式完成支付，使用户在 VR 环境下体验完整的购物过程。除了提升用户的购物体验，这些技术还可以用于仓储物流等，以便更直观便捷地进行仓容规划，使仓储面积、容量一目了然，从而提升了物流效率。人工智能应用不仅驱动了无人车、无人机的发展，也将优化电子商务整体运营，从而全面提升供应链效率和营销效果。

3.4.4 第三方支付技术的应用，数字人民币将成为全社会的支付工具

电子商务包括交易和支付结算两个基本环节，企业及个人不可避免地要通过网络进行直接转账、对账、代收费支付、结算、税务等对外财务业务往来。但是，要真正发挥金融电子化对电子商务的保证作用，还需要建立完整的网络电子支付系统，提供验证、银行转账对账、电子证券、账务管理、交易处理、代缴代付、报表服务等全方位的金融服务和金融管理信息系统。在这种情况下，第三方网络支付（以下简称"第三方支付"）模式应运而生。第三方支付是指具备一定实力和信誉保障的独立机构，通过与银联或网联对接而促成交易双方进行交易的网络支付模式。第三方支付模式流程如下：买方选购商品—在第三方平台提供的账户进行货款支付—第三方通知卖家货款到账、要求发货—买方收到货物并检验确认—通知第三方付款—第三方再将款项转至卖家账户。第三方支付模式不但规避了商家货款和客户货物的风险，而且拓展了银行业务范畴，有效保障了交易各方的利益。

随着二维码支付获认可，受到支付宝及微信的线下拓展、支付费率相对 POS 机较低等因素的影响，移动支付正处在高速发展的时期。数字人民币是利用最新的网络和移动支付技术，通过组织形式和业务模式的再造，实现了对货币发行和支付体系的一次大的升级，既有现钞的物权特征和匿名功能，又具备电子支付工具的便携易用和可追溯性，升级成为适应数字经济发展的通用型支付工具。在完成货币的升级后，全社会的支付工具也就相应地要升级为新的货币。

中国人民银行发布 2023 年第二季度支付业务数据，银联跨行支付系统联网特约商户 2774.47 万户。未来数字人民币将成为全社会的支付工具，在数字经济时代继续向储户提供提现的选择，也就是提取数字形态的央行货币的选

择。网络技术、移动支付和数字经济的发展，也使得央行数字货币成为法定货币的升级方向。受移动支付对线下商户、消费者渗透的影响，使用移动支付通道的数字人民币更加便捷和经济。

3.4.5 生鲜冷链物流技术更加完善

冷链物流是影响生鲜农产品电商发展的重要因素。要保证生鲜农产品的配送质量，就必须保证生鲜农产品供应链的每一个环节保持生鲜农产品的"鲜"。从产地预冷、自动化冷库贮藏、全程冷链运输到末端配送的冷链配送全过程中，每一个环节都要通过不同的温区保存好生鲜农产品，这就需要针对不同的温区进行区别对待，需要越来越精细化的管理。

1. 区块链溯源技术

传统的农产品安全溯源系统通常建立在农产品安全管理制度之上，溯源系统由农业管理部门或组织提出相关规范并维护、管理，同时强制要求供应链上各企业按照相关规范进行溯源信息的录入，这种中心化管理方式的缺点就是需要各方参与者的信誉来保障数据的安全性。为克服上述传统产品溯源系统的缺陷，有学者提出区块链溯源技术，即通过在农产品供应链的各个主体部署区块链节点，利用去中心化的重要特性，让数据可以公开透明地记录在每一个节点的账本上，记录被永久存储。区块链中的每一笔交易记录中均绑定了交易者信息，该信息被完整记录和追溯，不可被摧毁或篡改，数据的承载不依赖于任何一个人或是组织。以种植业生产产品为例，农产品原料生产—采收—粗加工—出厂—运输—上架销售—配送等环节被录入数据后，数据不可修改，均可直接溯源。一方面，消费者可以查询到一件商品"前世今生"的每一个过程；另一方面，如果在产品运输环节中出现温度长时间异常时，可自动向货主与承运人预警，避免出现更大损失导致变质，且很容易找到负责的承运商，增强多方无缝衔接的可能。

2. 全球定位系统技术

全球定位系统（GPS）是具有海、陆、空全方位和实时三维导航与定位功能的新一代卫星导航与定位系统。GPS 是物联网应用到冷链物流中的重要技术。GPS 与现代通信技术相结合，使得测定地球表面三维坐标的方法从静态发展到动态，从数据后处理发展到实时的定位与导航，这极大地扩展了其应用广度和深度，对生鲜农产品冷链物流中运输车辆与物品位置的实时查询和定位提供技术支持。

3.智能温控及冷链流通技术

采用低温暂养、纯氧配送、逐级降温、智能温控等技术，在运输过程中让货物处于"半冬眠"状态，做到全程封闭式温控管理。此外，依托全程产品冷链流通技术，生鲜农产品采收以后，被送到恒温车间进行降温及保鲜处理，随后称重装箱继续放置在冷库降温后装载，并通过全程监控保证冷柜运输的全程温度保持在0℃至2℃，直到抵达目的地开柜。新技术如磁力制冷技术、纳米保鲜技术、智能运输设备升级等。磁力制冷技术是一种利用磁场对热能进行转换的技术，其在生鲜产品运输中的应用，不但不需要使用化学物质，也不需要额外的电源，只需磁场就可以实现产品的制冷。该技术具有环保、高效、节能的优点。纳米保鲜技术利用纳米材料的结构来控制生鲜食品中的化学反应，以延长产品的保质期。该技术可以在食品内部形成微小的水晶结构，从而减少微生物的生长，保持产品的新鲜和营养。智能运输设备利用人工智能技术，能够实时对生鲜产品进行温度、湿度等数据的监控和分析，自动调节冷链系统的参数，以保证产品的新鲜和品质。

4.Savant网络

Savant是处在解读器和Internet之间的中间件，具有数据平滑、数据校验、数据暂存等功能，是一种负责管理和传送产品电子码相关数据的分布式网络软件。数据经过Savant处理后传送到Internet。无论Savant系统在层次结构中所处的等级是什么，所有的Savant系统都有一套独具特色的任务管理系统（TMS），这个系统使得它们可以通过用户自定义的任务来进行数据管理和数据监控。例如，一个商店中的Savant系统可以通过编写程序实现一些功能，而当货架上的产品数量降低到一定水平时，Savant系统也会给储藏室管理员发出警报。

总之，随着科学技术的加速发展，物联网技术在生鲜农产品电商冷链物流中的应用会逐步加快，区块链技术在生鲜农产品安全、品质保障、冷链溯源等方面的应用不断推进。而物联网与区块链的结合，将使生鲜农产品的交易效率和安全保障能力进一步提升，在生鲜农产品电商物流发展中发挥更大作用。

4 国内外生鲜农产品电子商务发展现状

4.1 国外生鲜农产品电商发展现状

随着数字技术的普及，许多生鲜超市开始采用在线平台，提供网上订购和配送服务。根据数据显示，2022 年全球生鲜超市行业市场规模约为 12473.8 亿美元；从市场区域分布来看，美国为最大的市场，占比为 22.76%，其次为欧洲地区，占比为 18.54%。国外生鲜农产品电商做得比较成功的是美国、英国、德国与日本，最早从 1996 年开始，但是其发展速度没有我国快。

4.1.1 美国生鲜农产品电商及物流模式

美国生鲜农产品电商的起源可以追溯到 1996 年 Webvan 成立。Webvan 市值曾超过 80 亿美元、募集资金高达 8 亿美元，但在 2001 年以倒闭收场。Webvan 的惨败导致很长一段时间创业投资都不敢踏入生鲜行业，缺乏资本支持加上配送的高难度、高成本等，使美国生鲜农产品电商发展几乎停滞。2011 年后市场开始活跃，有创业投资进入美国生鲜农产品电商行业，一些生鲜农产品电商企业应运而生。近几年根据 TABS Analytics 的数据，美国互联网用户的总体渗透率从 2018 年的 38% 跃升至 2019 年的 56%，而经常在线上购买食品生鲜的用户比例从 17% 激增至 37%。在 2019 年，初次尝试线上生鲜的用户和线上生鲜订购频率都出现大幅增长，同时，物流也在不断改善。以沃尔玛为列，在美国各地的生鲜连锁店建立的"线上下单、线下提货"的模式，推出 Prime 次日达、当日达服务，仓储和最后一公里物流的投入消除了在线生鲜线下配送的障碍。

1. 独特的会员模式的 Amazon Fresh 公司（自营物流）

2007 年成立的 Amazon Fresh 公司专门从事生鲜农产品销售，属于美国亚马逊旗下的子公司，成立之初仅向西雅图部分地区提供服务，2013 年其业务开始向洛杉矶拓展，2014 年在旧金山和纽约开展生鲜农产品销售业务。在物流方面，Amazon Fresh 公司在西雅图地区建立了带有冷藏设备的仓库，并借助大数据、云计算技术，实现了生鲜农产品的高效采集、仓储及配送，建立高效的物流配送系统。到 2014 年年底，其"同日送达"服务已经扩展到美国40 个地区。

物流商采用自营冷链物流体系，使生鲜农产品在仓储、配送过程的各环节始终处于规定的低温环境中。配送有门外配送和在家配送两种模式，专用的冷藏车与冷库对接，冷藏车内置货架存放每个订单组合商品，单个订单有独立的保温袋（降温方式主要以内藏冰袋为主）。按照单元化的组合进行配送，将每个单元化的组合做成折叠箱，每箱有独立的封箱标签用于追踪识别。当消费者购买的东西用完时，只要扫描封箱标签，后面的用户订单车会直接提醒消费者增加一个购买需求，这样就可以减少客户流失率，增加复购率，这种箱式追踪识别留住客户的方式在美国推广得比较不错。当然，由于增加追溯识别系统和独立的保温袋，物流成本较高，不能面向大众，只能针对高端人群。

2. 创新 O2O 模式的 Whole Foods Market 公司（第三方物流配送）

Whole Foods Market（以下简称"全食超市"）成立于 1980 年，是目前世界排名第一的天然有机食品连锁零售商。在美国全食超市是比较高端的，是超市中的星巴克，是快时尚中的高大上。生鲜农产品在采购上以本地直采为主，实现体验式"经营超市＋餐厅"混合模式，为顾客提供一种新的生活方式与顾客认同的价值理念。生鲜超市本是薄利的，但全食超市从卖生鲜农产品变成卖体验美食的生活方式，这就是它的过人之处。如此的经营、营销理念及对产品品质的用心保证是其成功的重要因素，这值得国内食品公司借鉴。

在终端物流方面，全食超市采用两种形式，一种是自取，另一种是配送。全食的线上预订线下配送形式无自建的冷链体系，其与独立的采购员签约，由采购员前往最近的全食超市进行商品的采购与配送。

（备注：2017年6月16日，美国电商巨头亚马逊宣布收购美国有机生鲜杂货连锁超市全食超市公司。此次收购打破了美国生鲜杂货市场的经营模式，并加快了网购模式向生鲜杂货领域渗透的步伐。）

3. O2O及订单农业式深度整合行业上下游的Local Harvest公司（本地区宅配的形式，源头截流）

在美国，有超过2亿的农场，而其中80%都是小农场。这些小农场大多数都归一些农户或家庭所有，有了Local Harvest之后，这些农场也越来越多地把自家生鲜农产品直接卖给消费者，缩短流通环节。Local Harvest成立于1998年，其基本模式是公司建立连接中小农场、CSA农场（社区支持农场）和消费者的垂直电商网站。为消费者汇集本地农场的生鲜农产品信息，消费者进入该网站之后，可以搜索需要的生鲜农产品，并且利用谷歌地图定位消费者的位置，与消费者周边可提供相应农产品的农场连接，实现在线购买，生鲜农产品通过本地区宅配的形式即可实现运输，保证产品新鲜。这种方式一方面保证了产品的新鲜度，另一方面有效降低了物流成本，增强了消费者购买本地农产品的意愿。另外，Local Harvest除了为消费者提供在线购物服务，还积极组织消费者到农场参观，让消费者获得亲近自然的愉快的农业实践体验活动，增加消费者对农产品生产的感性认识，增强了农产品的安全生产透明度和质量可信度。

4. O2O+B2C社区化导流，真正开启团购模式的Farmigo公司（社区自提）

Farmigo和Local Harvest有着很大的相似性，都是将农场放入平台中供消费者选择购买，但是其方式又有了很大的创新。它是以社区为中心的综合型生鲜农产品电商平台，现已成为美国的第三方农产品在线交易平台。作为一种综合性的电商交易平台，它与中国的京东商城、1号店等有很大区别，采取以人为核心的生鲜农产品电商模式。其首创的社区理念和团购形式解决了生鲜中物流成本的同时让消费者得到了实惠。社群"领头人"每两周要发布一次食品需求征集信息。本地农场则会每周将来自同一个社区的订单汇总，实行每周社区定点配送，由消费者到社区自提订购的农产品，并且价格比超市便宜25%左右。在仓储上，与本地农场结合，定位于本地化服务，生鲜农产品来源于周围家庭农场，服务半径小，无须考虑配送时间长引起的损耗问题和冷链问题，这就保证了货源的新鲜性，也减少了前置仓环节和仓储费用，降低了流通成本。物流配送方面，每周配送一次比每天配送的方式减少了配送成本，消费者自提模式减少了入户配送和时间等待成本，极好地解决了生鲜农产品电商"最后一公里"配送问题。在农产品质量安全上，可以追溯农产品来源于当地农场，建立农场与消费者的信任，让消费者吃得放心。

5. 共享经济下的 Instacart 公司（第三方物流）

Instacart 成立于 2012 年 6 月，起步于旧金山。它的理念就是通过移动互联网，使用户在手机应用上就可以购买到附近商超的任何商品。所有商品由 Instacart 配送员进行配送，收取一定的配送费。在配送上，Instacart 的理念是共享经济。Instacart 采用轻资产的模式，不拥有自己的配送员，其理念与 Uber 和 Airbnb 一样，这种全新的购物方式与"传统"的电商有很大的不同：传统的电商最快也许能够实现当日或隔日送达，而这种新型平台却完全能够实现一小时送达。传统的电商从仓库发货，经漫长的物流配送到各个节点，再配送到消费者手中，而后者没有仓库，因为它们把线下的所有商超商铺都作为它们的仓库。这种"商超代买+配送"平台的物流团队，只需把商品从离消费者最近的商超商铺配送到消费者手中，而不用经历采购、仓储这两个环节。

6. To C、To B 业务相结合的 GrubMarket 公司

GrubMarket 于 2014 年在加州旧金山湾区创立，已经发展到洛杉矶地区。通过直接连接农场与消费者，主打"有机""新鲜"的 GrubMarket 获得了大批美国消费者的青睐，并通过会员制实现大规模销售。其特点：一是限制在营销方面的投入，保证商业模式可以盈利；二是 B2C（商家对个人）、B2B（商家对企业）业务相结合。在公司成立之初，GrubMarket 主要是面向 C 端用户提供服务，先收到订单，向农场主订货，再派车把生鲜农产品送到用户手中，根据用户的需求量订货。随着业务拓展，公司逐渐也为餐厅和办公室这种大批量购买的企业用户提供服务；大批量采购的好处是订单体量大，农场主愿意以更低的价格出售，由于没有中间批发商和地区分销商，给终端消费者或商家的价格也就更低。开展 B2B 业务是 GrubMarket 的盈利转折点，B2B 业务

已经达到了公司总体业务的 75%，合作 2000 多家餐馆、300 家超市、300 家公司学校和机关，GrubMarket 已在湾区和洛杉矶、圣地亚哥、旧金山等地共建立了 12 个自有仓库。物流上，GrubMarket 直接将农场主和食品生产商与消费者联系起来，省去中间环节，拥有 GrubMarket 会员资格的用户会有免费运送，非会员除非购物额达到 35 美元，否则都需要自行支付运费。

7. Blue Apron 周订半成品净菜创新模式延伸整个产业链

HelloFresh 是以与超市、快餐店合作的形式采购原材料的，而 Blue Apron 则是自己售卖食材，具体的订购形式与 HelloFresh 完全不同。Blue Apron 于 2012 年 9 月在美国纽约成立，是一家以创造消费者"膳食体验"为核心进行生鲜食材预制品配送的新兴电商公司。Blue Apron 的商业模式是向订购消费者快递预先按量配好的"美食配菜包"，里面包括食材、调味品和配套的食谱，愿景是建立一套更好的膳食体系，改变食物的生产、分配及消费方式，让每个消费者都能享用到"incredible"（极好的）家常菜。Blue Apron 的特色化创新主要包含两个方面。一是食材货源方面。Blue Apron 与上游供应商的合作主要聚焦在源头直采，包括农场主与一批农产品手工艺者，并与供应商签订排他性协议，还进行农牧场收购等重资本运作。Blue Apron 的做法使它能够提供独一无二的膳食体验，具备了食材的季节性、新鲜度、可持续、独特性等诸多供应优势。二是货品方面。生鲜食材的种类丰富，采用净菜半成品包装模式，新鲜、方便卫生、便于携带、可直接进锅烹饪，具有一定的独特性。三是电商运营方面。截至 2019 年 1 月末，公司共运营三处"执行中心"（食材供应链管理中心），Blue Apron 开发的供应链生态集成系统能够使企业在创建食谱的前几个月，就可以在预测需求的情况下，检测和评估预期的原料供应，提前和供应商进行合作。这种赋能企业自身，向上游灵活采购、把控账期的能力，能够有效管理公司"多变、高吞吐量、易变质"库存，以及平衡公司从订单响应—食材采购—食谱创建—市场营销的落地运行。从食材的配送体系来看，Blue Apron 公司的交付体系主要是与第三方物流服务商进行合作完成，包括对包装材料和承运人的选择，它们认为这样做综合考虑了成本效益和订单安全。

4.1.2 英国生鲜农产品电商及物流模式

1. Ocado "线上＋线下"两种模式进行运营

2002 年 1 月正式进行商业运营的 Ocado 公司，到 2017 年成为已经发展 15 年的上市企业，被称为"京东的祖师爷"。它采用"线上＋线下"两种模式进行运营，线下与英国中高端超市 Waitrose 合作。Ocado 作为全球生鲜农产品电商的标杆企业，在前端用户的运营、"B2C＋O2O"商业运营模式、物流冷链技术创新，以及整个供应链的优化配置上，自动化是大批量、快速、可靠送达新鲜食物的唯一方法，Ocado 自主研发了机器人，并且向其他零售商销售软件和硬件，其整个物流体系对于中国的农产品生鲜农产品电商有着重要的示范作用。一是物流服务方面；Ocado 通过先进的物流技术，在物流中心选择标准化的工具进行流水线作业，实现单元化装载、精准温控的物流服务。Ocado 还利用 1000 个机器人组成的队伍，在挤满商品的仓库中工作，技术上的突破助推食品杂货业务的现代化发展。二是配送方面；Ocado 通过先进的物流技术，使用自有定制的冷藏型奔驰卡车，能在次日送达客户的订单占 95%，其中 95% 的订单能准时甚至提前完成，订单正确率达到 99%。三是线下 Ocado 与 Waitrose 超市合作，实现与线下零售的 O2O 整合；Ocado 的电商平台发挥线上优势，线下末端发挥体验及自提货物优势，开创生鲜农产品电商线上订购与线下提货的先例。四是在供应链资源整合上，品类定义清晰；Ocado 通过自有品牌和开放平台结合，实现了家庭端食品杂货店的全品类服务，使其品类更具竞争优势，在英国竞争激烈的电商在线杂货市场实现 70% 以上家庭渗透率。五是客户体验和运营观念方面，体现创新与前瞻思维；Ocado 移动端的购物体验、线下的 O2O 体验给消费者全新感受，并提出"未来冰箱"构想，掌握每个家庭的冰箱、每个家庭的厨房，进而掌握了这个家庭所有的消费。让冰箱能够扫描储存的食物信息，提供预测、全自动购物信息（购买需求的把握）、打通与 Ocado 网站的大数据数据信息，演变成真正的智能冰箱，实现真正的"未来冰箱"数据化精准营销。

2. Farmdrop 推出"点击即收集"电商服务（自营物流）

Farmdrop 公司成立于 2012 年，是一家生鲜食品电商平台，公司旨在用互联网方式直接将顾客和生产者 / 农民连接，取消中间的零售和批发环节。2017 年，Farmdrop 获得 700 万英镑 A 轮融资，由 Atomico 公司领投。2018 年，Farmdrop 获得了 1000 万英镑的 B 轮融资，投资方包括 LGT Impact Ventures、Belltown Ventures 和早期投资者 Atomico。据悉，Farmdrop 推出了一个"点击即收集"的电商服务，该服务能够在线直接从农民生产者手中订购杂货和农产品，农民生产者只需按照订单把杂货和农产品送到就近收集点，Farmdrop 就会去取货然后将货物送给消费者。该服务将传统的顾客定点取货转化为送货上门的一站式服务模式，确保了消费者能够拿到新鲜的食材。

4.1.3　德国生鲜农产品电商及物流模式

HelloFresh 2011 年成立于德国，已经扩展至德国、英国、荷兰、澳大利亚与美国的 30 个州，其基本模式是在网站上提供各类特色菜的食谱与成品图片，用户在其网站上订购一周的菜单，网站根据订单去合作商家处购买相应的食材，每周一次寄送到用户家中。HelloFresh 致力于打造一种全新的生活方式和生活体验，通过做饭去切实感受生活的美好。在营销方面，HelloFresh 与大量快餐连锁企业建立了合作关系，并把快餐连锁企业与消费者连接在一起，通过免费食物，让消费者进行更多的消费，从而在短时间内迅速拓展市场，而 HelloFresh 支出的免费食物完全可以由快餐连锁企业买单。HelloFresh 业务模式的特点在于毛利率超高、运营费用更高。公司毛利率一直在 50% 以上的高位，但会被占比更高的仓储物流费用和营销费用抵消。

HelloFresh 的仓储物流费用较多，包括食材装配、订单打包、仓储中心运营、运送车辆租赁、第三方物流配送等费用。公司主要的三项费用是配送、食材装配和订单打包。物流上，按周订购的形式也很大程度上在解决了物流与仓储费用的同时降低了运营成本，但在未来，降低仓储物流费用有三方面工作：一是在订单密集度较高的地区推行自营仓储物流体系；二是提升订单处理、装配和配送效率；三是改进包装技术和材料，节省包装费用。

4.1.4　日本生鲜农产品电商及物流现状

日本的生鲜农产品电商企业主要分为综合电商和生鲜宅配电商两大类：乐天国际和雅虎购物属于综合电商；生鲜宅配类电商主营生鲜农产品食材。较著名的生鲜宅配企业有大地宅配、Pal System、Radish Boya（1988 年成立的老字号）、Oisix（东证创业板上市企业）等。

1. 日本生鲜农产品电商大地宅配公司

日本大地宅配隶属日本守护大地协会有限公司，以有机生鲜农产品作为主营产品。守护大地协会有限公司通过引入农户、消费者成为公司股东，截至 2015 年已有生产者会员 2500 名、宅配及网购消费者会员 24.1 万人，其员工仅有 198 人。2015 年总销售额达到 135.83 亿日元（约 10 亿元人民币）。守护大地协会（以下简称"大地协会"）制定收货和质量标准，签订收货协议，农民必须按照标准生产农产品，收货时大地协会必须收购质量达标的全部农产品。全程供应链从生产到流通再到消费等建立了生产者与消费者无缝对接。日本大地协会生鲜农产品电商模式如图 4-1 所示。

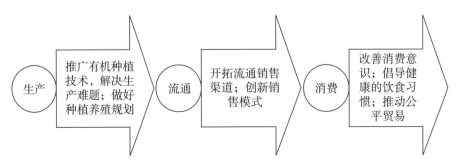

图 4-1　日本大地协会生鲜农产品电商模式

大地协会的做法并不是单纯地把从事有机农业生产者的农产品卖给消费者，而是从生产、流通到消费，全面、系统性地解决过程中遇到的问题。在农产品生产环节，第一是帮助生产者做好生产规划；每年跟签约农户开农产品生产计划大会，做第二年的生产计划，如品种、数量等，并与农户提前协商好购买价格。第二是帮生产农户增加抗风险能力；比如遇到不可抗拒的自然灾害导致颗粒无收时，大地协会跟农户一起，协商解决当年的收入问题。第三是协助农业生产技术推广；大地协会帮助和指导农户发展可持续农业（协会大概 19% 的农产品是有机认证的，70%~80% 的是无农药农产品），跟农户一起研究和解决作物轮作法减少病虫害、用生物制剂及物理诱导来杀虫、如何提高农作物的品质等技术问题。在流通环节，大地协会前期是藤田开小货车运货，在东京一个小区摆摊，成立协会后，发展成让购买农产品的消费者主动去找 10~20 位朋友或邻居成立"供应站"，协会定期把农产品配送到供应站，消费者自提回家。后来随着会员的逐渐增多，就发展成为定期的宅配服务。大地协会开通网站后消费者可以在网上选择套餐进行配送。在消费环节。大地协会从三个方面入手：一是教育消费者，倡导健康的饮食习惯；二是组织消费者和生产者的互动，让消费者去参观农田，这样既增加了消费者对生产者的信任，也让农户有了恪守安全生产的动力；三是让消费者参与到协会的公益活动中，这样也会增加消费者对协会的支持和信任。

2. Cybird 的 O2O 模式

日本生鲜农产品电商 Cybird 公司是 O2O 模式的典型代表。O2O 模式"我的农民"是一家由东京手机内容研发公司 Cybird 开发运营的网站，顾客可以一目了然地看到蔬菜、水果的图片，以及对产品生产地和种植方式的介绍，使消费者买得放心，吃得安心。通过整合生产者和消费者资源，建立了生产者与消费者之间的电商交易平台，其服务对象主要是东京地区的家庭主妇。家庭主妇们通过公司网站可以从 60 个农户手中购买种类丰富的生鲜农产品，网站除了向家庭主妇们展示多种生鲜农产品的图片外，还对农产品的生产地、生产方式、营养施肥用药方案等进行介绍，增加了消费者对产品生产过程的了解，增加消费者信任。同时，Cybird 公司每月在东京涩谷地区举办一次农产品集市，为消费者创造与生产者交流的环境，有利于消费者面对面了解生鲜农产品的生产环境及过程。这种从生产者直接到消费者的直营经营模式，减少了中间流通环节，保证了其所出售的生鲜农产品的质量安全，使农产品具有较大的价格竞争和质量竞争优势。由于采取从生产者直接到消费者的 O2O 经营模式，减少了中间运输时间和成本，大大降低了流通费用，这种新颖的网络购物体验风靡日本。

4.2 国外生鲜农产品电商发展对我国生鲜农产品电商发展的启示

4.2.1 根据企业自身条件合理选择物流模式

以自营模式为例，其自身条件要求较高。选择生鲜自营配送的企业大都是规模较大的集团公司，实力较强，且有物流设施设备基础，但由于物流体系本身涉及采购、预冷、仓储、运输、配送、包装等多个环节，自营物流系统建设需要的一次性投资相当大，占用资金较多，对于资金有限的中小企业来说，自营物流系统建设投资是一个很大的负担。同时，自营配送模式一般只服务于自身单个企业，单个企业的物流量一般较小，企业物流系统的规模也较小，导致自营物流成本较高，会成为企业的沉重负担。如美国FreshDirect 在长岛自建冷库近 3 万平方米，设有 12 个不同温度的保鲜区以满足不同生鲜农产品的保鲜要求，其生产系统和冷链物流配送系统十分先进，但大大增加物流成本。同样，美国 Amazon Fresh 公司自建带有冷藏设备的仓库，并借助于云计算技术和自身高效的物流配送系统，实现了生鲜农产品的高效采集、仓储及配送。但由于 Amazon Fresh 公司提供的食物包括农产品、肉类、奶制品、海鲜等是新鲜度要求极高的产品，高昂的物流投资吞噬了部分利润值。

生鲜农产品电商企业在物流模式的选择上，根据企业自身条件合理进行选择。一方面利用自营配送模式加强对生鲜供应链各个环节的控制能力，与生产者和其他业务环节密切配合，全力服务于消费者，确保企业能够获得长期稳定的前端供货商和末端消费者，有稳定持续的现金流和长久利润。如Farmdrop 推出了一个"点击即收集"的电商服务，能够在线直接从农民生产者手中订购杂货，控制订单，农民只需按照订单把杂货和农产品送到就近收集点，Farmdrop 就会去取货，然后将货物再送货给消费者，将传统的顾客定点取货转化为送货上门的一站式服务模式，确保了消费者能够拿到新鲜的食材。另一方面利用自营物流模式合理地规划管理流程，提高物流作业效率和减少流通费用是根本，更好地满足企业在物流业务上的时间和空间要求，否则很难盈利。对于规模较大、产品单一的企业而言，自营物流可以使物流与资金流、信息流、商流结合更加紧密，使生鲜原材料采购、配送与生产支持从战略上一体化，实现准时采购、增加批次、加大规模、减少批量、调控库存、减少资金占用、降低成本，从而实现零库存、零距离和零营运资本，大大提高物流作业乃至全方位的工作效率。这方面 GrubMarket、大地宅配和 Blue Apron 的运营值得借鉴。GrubMarket 直接将农场主和食品生产商与消费者联系起来，提供送货上门服务，GrubMarket 为农场提供营销服务，收取一定比例的佣金，补贴公司的运输费用。日本大地宅配公司，让买菜的市民主动去找 10~20 位伙伴成立"供应站"，定期把协会的农产品配送到供应站。之后会员逐步增多，就开始定期宅配服务。美国 Blue Apron 的特色化创新主要包含 3 个方面：一是其食材采购从供应高档饭店的批发商处采购，不会在超市货架上摆放一周时间；二是体现在自营电商的业务，主要售卖食材、厨具等周边以及菜谱，打造一种定制化的消费体验；三是其食材的丰富性与独特性。

4.2.2　B2C 末端物流中，低成本的自提配送模式是较好的选择

根据《2014—2015 年中国农产品电子商务发展报告》可知，2014 年我国有涉农交易类电商近 4000 家，其中仅有 1% 盈利，4% 持平，另外 95% 都在亏损。这个行业如此惨烈的盈利情况，主要归咎于高昂的订单履约成本和低客单价之间的矛盾：一是客单价不高，消费者即使是消耗时间和精力到像大润发、山姆会员店这样的卖场里去选购，也就买 120~150 元的东西，更何况在网上，消费者更不会买很多；二是依赖冷链，生鲜变质以小时为单位，如冷鲜肉、鱼、叶菜等，配送的过程中必须控制温度，以保证商品的新鲜度；三是时效性要求高，由于人们就餐的时间点集中，相应做饭的时间也很集中，所以要求生鲜必须在指定的时间内送到用户手中，否则会严重影响用户体验。这三点特性的背后，都意味着居高不下的履约成本。单就最后 300 米的配送来说，人工成本、配送过程中与客户反复邀约的时间成本已经让很多电商企业无法承受。以上海地区为例，对时效性要求高的品类，配送上门的人工成本，参照外卖平台，5~8 元一单；由专业第三方冷链

配送，参照黑猫宅急便，一单的价格为 18~20 元。除非用智能机器人来做最后 300 米的配送，否则配送上门的方式是走不通的，因为人力成本只会越来越贵。

美国 Farmigo 生鲜公司，在社区自提模式上给我们很好的启示。Farmigo 公司定位于采用以人为核心的电商模式，采取以社区为单位的团购活动。本地化能够减少仓储，实现周配送，降低物流成本。首创的社区理念和团购形式解决了生鲜中的物流成本，同时让消费者得到了实惠，社区自提大大节约物流成本。基于这个判断，我国的食行生鲜选择改变传统的送货上门方式，而是让用户自提。食行的冷链配送车每天会在固定的时间点将货送到约定的地方，即食行在小区布置的冷柜，用户凭借取货信息即可完成自助取货。这种做法保证了配送的时效性，减少了以往用户在家等货时间上的不确定性，同时也极大地节约了配送成本。

4.2.3 缩短生鲜供应链，降低采购物流成本

如何在世界范围内为各个地区的不同消费者挑选商品，以及供应商选择、采购时间、价格、品控、交付时间等属于生鲜农产品电商的供应链难题。采购物流成本的高低决定着生鲜农产品电商的利润空间。美国 Whole Foods Market 采取本地直采为主，体验式经营，"超市 + 餐厅"混合模式用餐，卖的是生活方式。全食超市的线上预订线下配送形式采用的是 Instacart 的配送，其专用有机食品采用众包的采购和配送方式，无自建的冷链体系，其与独立的采购员签约，前往最近的全食超市进行商品的采购与配送。美国 Local Harvest 公司是连接中小农场、CSA 农场和消费者的网购平台，采取本地区供货商直配的宅配的形式即可实现运输，保证食品的新鲜。我国的易果生鲜曾开展联营模式，将客户、系统、数据、供应链分享给上游合作伙伴，希望借助在各个品类里有专业水准的供应商来共建平台，本质是为了快速扩充 SKU 并缩短价值传递环节，而选择投资并购供应商则能在短期内让效果更显著。

4.2.4 B2C 异化后的 O2O 模式将成为生鲜农产品电商新发展趋势

B2C 即企业通过互联网为消费者提供一个新型的购物环境——网上商店，消费者通过网络在网上购物、在网上支付。O2O 是 B2C（Business To Customers）的一种特殊形式。O2O 即 Online To Offline（在线离线 / 线上到线下），是指将线下的商务机会与互联网结合，让互联网成为线下交易的平台，这个概念来源于美国。美国 Local Harvest、英国 Ocado、日本 Cybird 公司基本采用 O2O 模式，已成为生鲜农产品电商新发展趋势。对本地电商企业来说，O2O 模式要求消费者实行网站支付，支付信息和订单信息成为商家的数据资源，通过这些数据资源商家了解消费者购物喜好，以便商家进行产品组合推送，实现精准营销的目的，更好地增加用户黏性，维护老客户，增加新客户。不用太多的成本使线上客户资源增加，带来更多利润。同时减少商家对线下店铺地理位置的依赖，减少了租金方面的支出。对消费者而言，O2O 线上提供丰富、全面、及时的商家折扣信息，使消费者能够方便快捷地订购价格实惠的商品。同时，本地化程度较高的生鲜农产品垂直网站还可以借助 O2O 模式，为商家提供其他增值服务。

因此，打造多平台的电商 O2O 模式，一端连接产地，另一端则连接销地，网络信息共享极大地解决了生产者、电商、消费者间信息不对称等问题。通过生产地与上游供应商直接合作，采用产地直采来减少中间环节，缩短供应链，扁平化供应链的运行，降低物流费用，提高了生产者的收入，使消费者获得实惠。同时，线下实体店为消费者提供生鲜农产品的消费体验，通过优质的服务体验、农产品生产环境展示、加工试吃过程体验和物流配送等环节增加消费者的线上购买黏性，培养消费习惯，提高生鲜农产品电商渗透率。

4.2.5 优质产品的供给始终是生鲜农产品电商服务的核心

以日本大地宅配公司为代表的生鲜农产品电商企业，特别重视生鲜农产品质量和生产者的信誉。大地协会有 19% 的农产品是有机农产品，这是经过第三方认证和质量检测的，第三方认证机构必须是由政府承认的认证机构推荐专家进行生产现场检查，所有认证费用以合作农户产品交易额的 1% 作为手续费支付。大地协会自己拥有专门的内部质量检测部门，技术人员会定期到签约生产农户家进行检测。单一的检测办法只是事后质量监管的方式之一，是无法 100% 确保整个农产品的生产流程的，因此大地协会对签约农户进行严格的行为规范管理。首先，是资格审核严把关。成为大地协会的签约农户需要进行严格的审核，要填写各种申请表格。其次，成为签约农户后，生产农户必须严格按照协会指定的标准要求进行生产活动，一旦发现有作假行为，将永远被协会取消资格。因此，大地协会的成功，主要还是从生产、流通到消费，全面、系统性地解决过程中遇到的问题，以打造高品质产品为核心，增加了消费者对生产者的信任，通过倡导健康产品消费观念来吸引更多的消费者。

4.2.6 大数据应用、物流智能化是大势所趋

在生鲜农产品电商物流中，未来要实现让全球每一个角落能够 72 小时必达，就离不开大数据。通过大数据可智能分仓，先将生鲜农产品放到距离消费者较近的仓库中，之后再将大数据应用到仓库、物流、配送等诸多环节，用大数据调度社会化物流，这样就能大幅缩短商品在途时间，以及各种物流成本。比如 Ocado 由三名前高盛银行家创立，从一开始就拥抱自动化，装配中心按商品储存。通过先进的物流技术，物流中心作业选择标准化的工具，流水线作业，能够实现单元化装载、精准温控的物流服务。其车辆按照单独的箱体存放，能够根据不同生鲜食品的要求，放在不同的箱体，根据客户要求会以某个特定的温度送达顾客。Ocado 由三名前高盛银行家创立，从一开始就拥抱自动化，装配中心按商品储存温度分为三个部分：常温、冷藏与冷冻。Tharsus 公司生产的机器人被分配在长方形网格上，网格下方含有的多层储存箱包含着 50000 多种 Ocado 的商品，机器人以每秒 4 米的移动速度工作，由软件控制。由 AutoStore 提供的机器人，用空间优化高效的数据仓库解决方案来处理非食品类商品作业；配送运输车辆使用其自有定制的冷藏型奔驰卡车，不管是干线运输还是末端配送 Ocado 都是选择奔驰车进行，末端配送的车辆内部设置货架，有效地利用配载空间，实现全程恒温；配送订单正确率达到 99%，能在次日送达客户的订单占 95%，其中 95% 的订单能准时甚至提前完成。通过打通与 Ocado 网站的大数据信息交互，演变成真

正的智能冰箱，未来实现冰箱数据化精准营销。这些都值得国内生鲜农产品电商企业借鉴。

4.3　国内生鲜农产品电商发展现状

中国庞大的人口和不断提升的消费水平为生鲜超市行业提供了巨大的市场潜力。随着城市化的不断推进，越来越多的消费者倾向于购买方便、新鲜和多样化的食品。许多消费者选择在电商平台上购买生鲜产品，如阿里巴巴的菜鸟驿站、京东到家等。线上渠道为消费者提供了方便的购物体验，同时也推动了供应链和物流的创新。根据数据显示，2022年中国生鲜农产品超市行业市场规模约为31675.81亿元。线上渗透率逐年上涨，2022年中国生鲜农产品超市线上渗透率约为21.66%。

4.3.1　我国生鲜农产品电商发展势头迅猛，逐步回归理性

从我国农产品电子商务的信息传递与服务方式分析，农产品电子商务模式主要呈现三个级次的特点。一是比较低级的信息发布模式；这种模式主要是为农产品交易商提供网络信息服务，即交易商在网上做广告推广或者提供产品信息商情，如企业建立的农产品网页，或在网络平台上发布企业相关信息和产品信息，这种模式在初期运用比较广泛。二是较高级别的网上签约模式；一些农产品电子商务网站不仅提供农产品的供求信息，还提供了委托买卖、网上竞拍、网上竞标等在线交易形式，有了明确的买卖双方，可以进行农产品购销网上签约，这个级别的电子商务会牵涉到法律认证和法律效力问题，例如，农产品生产者可以直接在网上与自己需要的物流运输公司洽谈合作，但此时资金的支付还是依靠传统的邮局或银行转账汇款实现，不能实现交易资金的网上支付。三是高级别的网上交易模式；在这个阶段，真正的转变就是逐步实现物流和资金流的网上结算，能够网上进行电子支付和电子结算，是完全意义上的电子商务。

我国农产品行业的电子商务实践，在郑州、上海、大连三大期货交易所之外，还有大型中、远期现货交易市场（俗称"电子盘"），如农垦交易网带

动广西木薯淀粉、木薯、糖等行业的发展，大宗农产品交易将与期货市场形成良性互动。但是期货市场和大宗商品中远期电子交易市场因被怀疑为炒作而成为众矢之的。期货市场和中远期市场其实只是农产品定价体系中的一环，200余家以"电子商务"为由注册的大宗商品中远期交易市场构筑了一个规模巨大的类似于期货的场外交易市场。由于监管真空，此类"电子交易"经常爆出炒作黑幕，大蒜、生姜等一系列遭到游资爆炒的品种都可以通过这种平台交易。生鲜农产品电商大致有以下几个发展阶段。

1. 第1阶段：发展雏形（1995—2004年）

郑州商品交易所集诚现货网于1995年12月12日成立，开始探索粮食在网上流通，我国第一笔互联网网上交易于1998年3月交易成功。1999年全国棉花交易市场成立，是不以盈利为目的的服务组织，交易市场接受国家有关部门委托，通过竞卖交易方式累计采购和抛售国家政策性棉花近2000万吨，成交金额达到4000亿元。2000年8月至2002年6月，交易市场还通过竞卖方式抛售国家储备糖230多万吨。这开创了我国储备物资由计划分配转向利用市场机制配置资源的先河，截至2010年3月，交易市场交易商逾2200家。

2. 第2阶段：初创期（2005—2009年）

2005年10月开始进行中央储备粮网上交易探索。2005年易果网成立，革命性地打破了千百年来农产品生产者与消费者直接对接的空间制约。2008年出现了专注做高端农产品（有机食品）的和乐康及沱沱工社，这几个企业开始都是做高端小众市场。菜管家电子商务有限公司于2009年12月26日正式运营，注册资金1500万元，依托强大的信息技术、物流配送实力和广泛的农业基地联盟，迅速成为中国农业电子商务B2C领域的佼佼者，菜管家以发展农村经济为根本，以创造健康生活为核心理念，给人们带来新鲜优质的安心食材和科学营养的饮食规划。在这个阶段，我国国内频发食品质量安全事件，如2005年的苏丹红、2006年"嗑药"的多宝鱼及2008年的三聚氰胺奶粉等事件，导致消费者对无污染、无农药残留的高品质、高安全性生鲜农产品的需求大增，这使得很多商家看到了高端农产品的巨大市场。

3. 第3阶段：市场启动调整期（2010—2012年）

2010—2012年，生鲜农产品电商预测前景向好，大批企业盲目涌入，导致行业泡沫的产生，当时的生鲜农产品电商市场需求并没有那么大，消费群体较小，而生鲜农产品电商企业没有根据实际情况进行模式调整，照搬其他电商的模式，最终很多企业倒闭。例如，因供应链、物流、管理、配送等种种原因，昔日红火的广州"好帮手""谊万家"等同类型网站相继倒闭，"网上菜篮子"是当时为数不多的"幸存者"，但日订单已从20多单萎缩至八九单。这期间，社会化媒体及移动互联网的发展也让生鲜农产品电商有了更多模式的探索。2012年，以褚橙运营为标志，进入品牌试水期。2012年5月包括了9大类产品的顺丰优选上线，产品以中高端产品为主，其生鲜品类的销售额已经占到顺丰优选销售额的30%到40%；6月初亚马逊中国联合鲜码头海鲜网进入生鲜业务领域；7月京东商城正式推出生鲜食品频道，联手苏州市阳澄湖大闸蟹协会正式签约，再次成为该协会大闸蟹独家认证的电商唯一销售平台，合作商家也由30多家扩大到60多家。第3阶段电商竞争比第1、2阶段更具活力，竞争更趋激烈。

4. 第4阶段：巨头争霸进入成长期（继续调整）（2013—2015年）

从2013年年初开始，生鲜农产品电商迎来了转折。生鲜农产品电商在2013年5月挑起了"京城荔枝大战"，战火几乎烧到了所有的生鲜农产品电商，京东、天猫、沱沱工社、本来生活纷纷推出荔枝低价单品，以本来生活、顺丰优选为代表的食品B2C，正在深入供应链的终端，用原产地直采的方式来获得更高的毛利空间，生鲜农产品电商再度成为热议焦点。2014年融资高峰来临，获得融资的企业数大增，融资的强度和密度不断加大。同时，各大商家都获得了强大的资金注入，而且每个企业都有各自的行业资源优势，进而加剧了生鲜农产品电商竞争。

此阶段越来越多的网络工具，比如云计算、大数据等为各商家提供了更多的选择工具，B2C、C2C、C2B、O2O等各种电商模式相继推出。"遂昌模式"、中国地理标志产品商城、龙宝溯源商城、农产品电子商务等农产品特色网站出现，促进了生鲜农产品电商模式新的发展。这个阶段，最显著的特点是生鲜农产品电商们从开始的"小而美"开始向"大而全"转变。在荔枝大战中，各商家没有一味地打价格战，而是在营销、原产地、物流速度上做更多的文章，大家要一起想着把蛋糕做大，当更优质的农产品和服务到达消费者手中时，对于正处于成长期的生鲜农产品电商来说，未尝不是一件好事，或许这是行业成熟的一个标志。人们对生鲜领域的消费理念也在慢慢向电商转变，巨大的商机不得不让互联网巨头们觊觎。行业巨头的参与，加速了电商行业的整合与并购，使其不断向纵深方向调整，中小型不景气的生鲜农产品电商开始下线或倒闭，例如，永辉"半边天网"上线不足百日下线，上海"天鲜配"下线，北京"优菜网"曾经寻求转让，由此可见，"看上去很美"的生鲜农产品电商道路同时也十分艰难。

5. 第5阶段：2016—2018年高速发展期（新零售下持续调整，布局线下）

2016年，生鲜农产品电商迎来了资本寒冬，倒闭、裁员、被收购、业务萎缩，业内普遍将这一年视为中国生鲜农产品电商的倒闭年和转型年。但阿里、京东等巨头的渗透让整个产业的资源与格局进行整合和调配。与此同时，鉴于实体零售市场走低，不少传统零售巨头也没有停止过线上的探索，如麦德龙进军电商业务。早在2015年，物美集团实现了北京五环内以3公里为配送半径的全覆盖。2016年1月盒马鲜生开出首店，马云提出"新零售"的框架概念，认为核心价值是将最大限度地提升全社会流通零售业运转效率，标志着新零售时代的到来。2016年3月，物美全盘接手多点，开启数字零售。从2016年三季度的生鲜农产品电商市场份额来看，占比较高的是天猫喵鲜生和京东到家，二者的总份额已经占据了半壁江山，分别为26.81%、24.83%。零售连锁店购物环境优雅、品类丰富、具有品牌效应，是线下垂直水果零售的主要业态。以百果园为代表，2015年百果园仅自主品牌销售额就达30亿元，2016年纳入果多美、绿叶等合计零售额约60亿元，远超排名第2至第5的水果连锁品牌销售之和。面对电商巨头的来势汹汹，百果园并购果多美被媒体称为南北水果巨头的"抱团取暖"。2016年11月，百果园还并购了垂直类水果电商一米鲜。

2017年8月16日，百果园宣布2017年7月公司线上单月销售额突破1.2亿元，线上日销售额峰值达600万元，线上会员数突破500万人，线上月度复合增长率保持在25%以上，且实现规模化盈利。也就是说，在并购电商"一米鲜"不到一年，百果园成功完成其线下到线上的布局。至此，线上线下融合竞争格局初现。受政策大环境、用户渗透率上升、模式确定、标准化程度提高、仓储冷链物流技术的发展等因素的影响，以及在阿里、京东等电商巨头的带动下，2017 年将是生鲜农产品电商整个产业链开始成熟的起点。

在经历过一遍 B2C、C2C、O2O 等模式之后，人们后知后觉地发现，生鲜似乎还是线下靠谱些。2017 年每日优鲜、易果生鲜分别获得上亿美元融资，资本向头部集中；中商惠民并购爱鲜蜂、百果园并购一米鲜，许鲜、青年菜君倒闭，多点与中百集团合作，生鲜市场进一步整合；新零售浪潮下，盒马鲜生模式、永辉超级物种等得到市场关注，线上线下融合、多元化场景布局、区域化运营成为生鲜农产品电商发展的趋势。

2018 年盒马鲜生、超级物种遍地开花，京东的 7FRESH 小试牛刀。巨头布局的这些全品类生鲜市场，再加上它们阵营中的那些依附者，如腾讯阵营中的每日优鲜、天天果园等，阿里系入场较早的易果生鲜、大润发优鲜等，巨头们借着"新零售""无界零售"等，走了一拨复古风，把生鲜农产品电商又玩回了线下模式，把厨房和餐桌都搬进了超市，曾经的线上流量之争俨然已经变成了门店的扩张之争。

盒马鲜生已经按下了加速键，2018 年年内计划开至百家；超级物种紧跟其后，目标数量相当；7FRESH 的小目标是 2018 年覆盖全北京，未来 3~5 年在全国铺设超 1000 家门店；连苏宁的苏鲜生也提出了自己的小目标，2018 年新开 50 家线下门店，2020 年累计达到 300 家店。据中信证券测算，行业集中度 CR10（行业前十名合计产量占比）小于 5%，行业龙头整合空间巨大。中国农业科学院预测，到 2024 年人均水果年消费量将达到 93.9kg，以复合年均增长率 2% 推算，2024 年我国水果市场规模将达到 3.24 万亿元。

6. 第 6 阶段：2019 年至今理性成熟期（不断调整，逐渐进入）

根据调整情况，市场逐渐理性回归稳定，更加成熟。随着收入的提高和生活节奏的加快，年轻人群和中产阶级对于生鲜上门的需求会变得更加强烈。这也使得大量资本疯狂投入，但据中国电子商务研究中心统计数据显示，当前国内生鲜电商领域，大约有 4000 多家参与者，其中营收持平的仅有 4%，陷入亏损的有 88%，最终只有 1% 实现盈利。2022 年，依靠"烧钱"的生鲜电商入局者纷纷倒下，亏损、收缩、裁员，生鲜电商的"难"人尽皆知。每日优鲜"爆冷"，"兴盛优选""盒马邻里"撤城，但与此同时，"本来生活"连续四年盈利，"百果园"通过港交所聆讯，"叮咚买菜"布局新业务，生鲜电商领域生机仍存。资本的不断烧钱，是一把非常锋利的双刃剑。再新鲜新颖的所谓商业模式，都是要回归到踏踏实实的常识中。

4.3.2 市场规模呈现出几何级数的增长态势

伴随国家政策利好、消费升级、网络市场火热，大数据、现代冷链物流技术等相关技术升级，资本介入、产业链条的各个环节的不断完善，以及消费者对消费品质的更高追求，中国生鲜农产品电商市场处于高速发展期（不断调整），市场表现强劲。中国生鲜农产品电商市场发展迅速，2016—2017年市场虽迎来洗牌期，大量中小型生鲜农产品电商或倒闭或被并购，市场遇冷；但与此同时，阿里、京东等电商巨头入局，不断加码供应链及物流等基础建设投资，并带来了线上线下融合的新零售模式，使得生鲜农产品电商市场备受关注。进入2019年以来，生鲜新零售模式逐渐归于"平静"，从疯狂扩张步入战线收缩调整阶段，与此同时前置仓、社区团购等模式发展较为火热。未来随着生鲜农产品电商模式的成熟、网购生鲜用户覆盖面愈发广泛，以及技术成熟、生鲜农产品电商供应链的升级，生鲜农产品电商行业仍将保持快速发展。同发达国家相比，我国消费者对线下生鲜零售的满意度较低，而便捷的生鲜农产品电商恰好满足了消费者的部分未被满足的需求。价格已不是消费者网购生鲜的主要动因，便捷的物流快递，丰富、多样的农产品种类推动着线上生鲜消费快速增长。从增长率看，2010—2015年平均每年保持80%以上的增长率，从2012年到2018年，生鲜农产品电商市场规模从40亿元人民币猛增至1950亿元人民币，2022年生鲜电商交易规模为5601.4亿元，同比增长20.25%。但仅占农产品零售总额的3.4%，生鲜农产品消费仍是以线下为主，未来电商仍有较大空间。预计目前7%的城镇生鲜消费已经发生在线上，根据市场不同的消费驱动力与供给面发展的预测，线上生鲜消费将会保持高速增长，并在2020年占城镇生鲜总消费额的15%～25%。这种增长势头意味着线下零售商与电商平台都必须思考如何抓住这一发展机遇。农产品分销渠道的市场占有情况如图4-2所示。我国生鲜农产品电商市场规模变化如

表4-1所示。

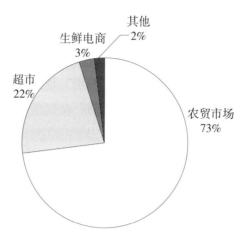

图4-2　农产品分销渠道的市场占有情况

资料来源：智研咨询。

表 4-1　　　　　　　我国生鲜农产品电商市场规模变化

时间	市场规模（亿元）	增长率（%）
2010	4.2	—
2011	10.5	150.0
2012	40.5	285.7
2013	130.2	221.5
2014	289.8	122.6
2015	542.0	87.0
2016	913.9	68.6
2017	1418.0	55.2
2018	1950.0	37.0
2019	2554.5	31.0
2020	3641.3	42.0
2021	4658.1	28.0
2022	5601.4	20.0

资料来源：网经社。

4.3.3　生鲜企业巨头崛起，形成了"两超多强"的格局

电商发展的历史沿革经历了第一代以阿里巴巴为代表的平台型电商、第二代以京东为代表的垂直电商，以及第三代分布式电商。到 2018 年，生鲜农产品电商市场形成了"两超多强"的格局，"两超"是指阿里巴巴和腾讯这两大阵营，"多强"指的是中粮我买网、本来生活、食行生鲜等生鲜农产品电商平台。阿里系有着海量的数据支持，能够形成成熟的生鲜商业体系，也可实现科学布局；而腾讯系虽然没有完整的体系，但凭借着微信等社交平台的流量优势，可以打造"社交＋电商"的模式，也更利于实现模式的创新。总而言之，腾讯系和阿里系各有优势，可以互相抗衡。

阿里系：天猫生鲜超市定位大众日常生鲜食材市场，价格适中，小包装为主，注重购物的便捷性和高效性；喵鲜生主打生鲜爆款，定位中高端市场，突出品质，以进口生鲜为主；淘乡甜则是主打国内原产地直供优质农产品，为国内众多中小农户服务；易果生鲜在接受阿里投资后承接了天猫生鲜超市的运营，同时易果的安鲜达补强了阿里在生鲜物流上的实力；阿里还拥有新零售的标杆—盒马鲜生；阿里和苏宁联姻，利用苏宁强大的线下资源，苏鲜生不管是线上还是线下都可以很快展开。阿里 2020 年宣称，将在山东等 5 个省建设数字农业集运加工中心（以下简称"产地仓"），届时将形成全国农产品五大集运枢纽，在多个省会城市打造 20 余个销地仓。"产地仓＋销地仓"模式，一张数字化的农产品流通网络将初步成形，一年可以支撑 100 万吨生鲜农产品新鲜送往全国餐桌。阿里不管是自身旗下的还是控股参股的生鲜农产品电商，都是依靠海量数据的支持，形成成熟的阿里生鲜商业体系。

腾讯系：虽然没有形成一个完整的商业体系，但依靠社交流量的优势（特别是微信入口），支持不同的创新模式，借此来打破阿里系在电商独大的格局。比如每日优鲜模式的特点是"总仓＋前置仓"、精选 SKU 和小规格包装，而拼多多的模式特点是社交拼团。每日优鲜和拼多多之所以能快速崛起，除了其模式的创新外，还有很重要的一点就是来自微信的社交流量。很多自媒体也依托自己的社群开展电商业务，这是腾讯系具备的优势。

目前，头部生鲜电商包括叮咚买菜、美团优选、京东到家、多多买菜、本来生活、盒马、多点 Dmall、朴朴超市、谊品生鲜、食行生鲜、奇麟鲜品、天天果园、宋小菜、飞熊领鲜、一亩田等。

4.3.4 生鲜品类更加丰富，平均单价逐年上升

2018 年畅销的生鲜农产品网购品类分别为水果、乳品、肉类。在人们生活中占据生鲜农产品大类的蔬菜在网购中占比偏低；水果、乳品类生鲜互联网化较为成功。产量较少的乳制品由于市场缺口较大，大量进口乳制品成为网购热销品类之一；水果占据主导地位，但整体价位偏低，水产海鲜销售较为平稳；生鲜农产品的单价整体偏低，其中蔬菜水果、牛奶乳品、冷藏冷冻产品中单价 30 元以下的产品销量占比超过 60%，但水产海鲜的单价平均为64.6 元，属于高端产品，远超过其他生鲜农产品品类的价格。

4.3.5 生鲜农产品电商在部分二、三线城市布局，将成为下一个增加级

根据百度指数，国内生鲜农产品电商主要集中在北上广深，其中北京与上海是生鲜农产品电商集中的城市，超一线和一线城市生鲜农产品电商消费占比达 86.31%，北京地区占比达 29.8%，位列第一，上海、杭州分别以14.22% 和 8.33% 位列第二和第三。这主要是由于一线城市互联网比较发达，生鲜农产品电商注重区域精细化发展，注重消费体验，消费者也较快地培养出了良好的线上消费习惯，并且一线城市的基础设施建设比较完善，生鲜农产品电商在一线城市发展有着较大的优势。随着生鲜农产品电商在一线城市区域的饱和，市场竞争日益激烈，为了开拓更广阔的市场，获得更多更稳定的客源，一些生鲜农产品电商已经开始在部分二、三线城市展开布局。

4.3.6 生鲜农产品电商供应链信息更加透明化

生鲜农产品电子商务不仅仅是一种销售方式的转变，也是对整个生鲜农产品供应链的重构。与传统供应渠道相比，电子商务能够减少供应环节，缩短供应链，提高农产品质量，节约消费者时间，大大增强了便利性。

在传统流通方式下，生鲜农产品从供应链上游生产者的"田间"到下游

消费者的餐桌需要经历无数个环节。一是没有实现全程冷链系统，使产品质量无法保障；二是过多的环节延长了流通时间，导致生鲜农产品质量下降甚至可能出现腐败变质（没有做全程的保鲜系统）；三是价格不透明，层层加价使零售端价格达到田间价格的 3~10 倍，使农产品"买难卖难"，既损害生产者利益，又损害消费者利益。农产品传统模式与电商模式供应链比较如图 4-3 所示。

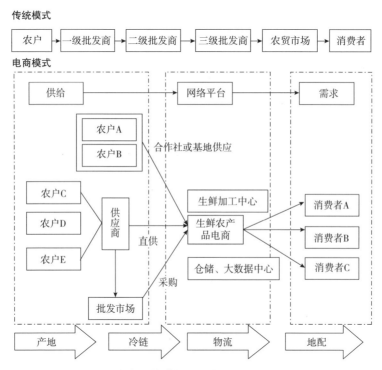

图 4-3　农产品传统模式与电商模式供应链比较

未来生鲜农产品从供给侧到需求侧高质量供应路径将会从标准化向品牌化、差异化发展，电商是实现生鲜农产品高质量发展的重要途径，也是促进农业进步发展的重要手段之一，生鲜农产品作为人们生活的重要部分，其自身价值与运输、仓储等特性比较适宜发展电子商务。相对于传统的生鲜模式，生鲜农产品电商缩短了整个供应链，避免了传统模式下各个环节的运输、存储等步骤，减少了损耗。在农产品供应链电商模式中，生鲜农产品电商企业作为供应链的核心，在大数据、云计算等现代化工具的助力下，信息更加透明化，使供求双方的信息传递和沟通更加顺畅。

4.3.7 新零售"场景适配"成关键词

生鲜市场的高速发展离不开线上线下的融合，生鲜农产品电商的崛起吸引了资本方的高度关注，提升了市场交易规模。在 2016 年，线上电商出现了一次集体倒闭的风波，单纯靠线上经营非常困难，从那时候开始线下的运营得到了重视。新零售成了新的发展模式，社区化的生鲜形态受到欢迎，这种线上线下相结合的形式得到了肯定。生鲜农产品电商的用户规模在 2017 年实现了超过 200% 的高增长，位列电商各细分领域之首，成为年度引人注目的黑马。与此前的生鲜农产品电商单纯的线上流量经营不同，生鲜农产品电商或更重视场景的适配。各家生鲜农产品电商，不论是线上还是线下都在强调场景适配。整个电商行业都体现出对场景的重视，在支付、线下、社交、二手等诸多场景中出招。生鲜农产品电商同样有各种探索，每日优鲜的前置仓、盒马鲜生的社区店、五花八门的无人货架，都是在做场景适配，要让用户在合适的时间和地点可以得到最新鲜的生鲜农产品，同时将平台的运营效率做高、运营成本做低。随着消费升级，消费者不再是原来被动的消费者。随着 95 后、00 后逐渐参与到消费主力大军中，会逐渐呈现出价值参与化、需求个性化与场景多元化特征。

4.3.8 冷链物流是未来新零售的核心竞争环节

生鲜超市仍是最主要的消费渠道，生鲜农产品属于高频次低数量的商品，因此线下还是主要的消费渠道。其次是传统的农贸市场，农贸市场的优势是价格相比于超市更有弹性、更加亲民，对于一部分消费者来说更能接受。电商平台和外卖平台是处于发展期的形式，其劣势是价格相对来说较高。

冷链物流是未来新零售的核心竞争环节，冷链物流的发展能够推动生鲜农产品向标准化升级，同时降低成本。社区拼团运营模式发展势头非常好，该模式下消费者能够以社区为中心通过微信群和小程序等工具拼团购买生鲜商品。这种模式运营更轻，厂商能够精细化运营，有利于控制成本，对生鲜的损耗率控制力更强。随着市场发展，社区拼团模式也引起了巨头关注，竞争会更加激烈。

总之，2022年生鲜电商交易规模增速为近五年来最低，进入缓慢增长期。另外生鲜电商的盈利问题依旧没有得到很好地解决，在这样的情况下，生鲜电商急需寻找下一突破口。未来生鲜市场需要天网地网的整合协同，线上向线下纵深，也符合零售业的本质：谁最能靠近消费者，谁就可以更好地给其提供产品或者服务，谁就是最后的赢家。京东、亚马逊通过建立更多仓库、雇用更多快递员、采购更多快递车实现这个目标。沃尔玛、物美、7-11、星巴克等则会开设更多门店。对于生鲜农产品电商来说，门店、前置仓、无人货架本质上都是在物理层面走近消费者，谁更贴近消费者谁就可以更快速地交付，也能覆盖甚至拓展更多的精准场景。

5 生鲜农产品电商物流现状

5.1 冷链物流现状

5.1.1 冷链物流

冷链物流泛指产品在生产、贮藏运输、销售，到消费前的各个环节始终处于恒定的温度区间，以保证产品质量并减少过程损耗的一项系统工程。它是随着科学技术的进步、制冷技术的发展而建立起来的，以冷冻工艺学为基础、以制冷技术为手段的低温物流过程。

近年来，随着我国居民收入水平的稳步增长，消费水平也在提高。随着互联网的普及，人们的生活方式发生了变化，农产品、食品、医药等消费品的选购方式也变得越来越便利。网购、生鲜农产品电商、蔬果宅配等方式都是当下消费市场的热门选择。受益于这类消费的增长，国内冷链物流市场也快速发展。政府非常重视国内冷链物流市场的发展，近几年国务院办公厅、国务院安全委员会、工信部、公安部等相继出台多部涉及冷链物流产业的政策规划，将冷链物流产业作为保障食品和民生安全的重要手段。冷链物流行业市场规模整体增速要快于物流行业市场规模增速，冷链物流产业在物流行业中的占比逐年增长。各部门陆续发布相关政策、标准支持产业发展，并相继颁布多个文件，从支持冷链物流基础设施建设、规划冷链物流操作流程、支持生鲜农产品电商的快速发展等多个方面鼓励冷链物流市场健康发展。

5.1.2 冷链物流市场

国际层面政策频繁出台，对冷链物流产业发展目标、冷链运输行业标准，以及冷链物流供应链体系建设等方面给予了指导，政策效应拉动了冷链物流行业市场规模的增长。加之我国电子商务发展迅猛，农产品、生鲜、乳制品等行业订单数量增多，对冷链物流行业需求不断增加，推动我国冷链物流行业不断发展。随着国家骨干冷链物流基地和产地销地冷链设施建设的稳步推进，以及电商冷链物流系统的发展和冷链装备水平的显著提升，行业规模增长趋势明显。在旺盛的消费需求驱动之下，我国冷链物流行业正步入高速发展阶段，2022年中国冷链物流市场规模达5515亿元，同比增长15.55%，预计2023年冷链物流市场规模将达6486亿元，同比继续增长17.61%。

冷链物流市场虽然最近几年发展较好，但综合冷链应用率仅为19%，产品损腐率较高，仅水果、蔬菜等农产品在采摘、运输、储存等物流环节上损失率就达25%～30%；根据中物联冷链委的统计，城市居民人均冷库面积仅0.156平方米／人，远远低于发达国家0.5平方米／人的水平。总体上看，我国冷链物流产业还处于发展期，在冷链应用率和人均冷库容量上远远低于发达国家。在运营方面，第三方服务占比少、市场竞争混乱是冷链市场存在的问题。根据统计，我国冷链物流百强企业的总收入仅占全国冷链物流产业总收入的10%，市场极为分散。同时冷链物流大部分是由企业自己执行，根据中国仓储协会第五次中国物流状况调查结果，商业企业物流执行主体仅有27%是第三方物流，而62%是由购货方自己执行，供货方仅占11%。随着冷链物流市场的进一步扩张，更多企业布局其中，不少快递企业已加快布局冷链物流业务，依靠自身的运输网络、设备体系，形成冷链物流市场中强有力的竞争者（见表5-1）。快递公司布局冷链物流业务将会推动企业从自建冷链物流体系逐渐转向由第三方提供服务。国内几家快递公司中顺丰布局力度最大。截至2019年3月，顺丰已在全国建成10个原产地预处理中心，涵盖鲜花、水产、樱桃、荔枝、脐橙、苹果、柚子等品类。截至2020年11月底，顺丰拥有专业冷仓150000平方米，开通运营26个食品仓。开通运营食品干线143条，覆盖117个城市、727个区县，贯通东北、华北、华东、华南、华中、华西等重点核心城市。顺丰256辆自有食品冷藏车、1.4万余辆外包储备冷藏车，皆配备完善的物流信息系统及自主研发的TCEMS全程可视化监控平台。相信随着模式的不断优化，顺丰预处理中心的未来还会有一个更大的提速。

表 5-1	快递公司冷链物流业务布局情况
快递公司	冷链物流业务布局情况
顺丰控股	目前布局冷运较为完备，提供生鲜速配、大闸蟹专递、冷运到家、冷运到店、顺丰冷运零担、冷运专车、冷运仓储等冷运服务
圆通速递	2017 年，圆通速递推出"圆通冷运"，其主要产品包括冷链仓储服务、B2B 同城低温运输和 B2C 同城低温宅配，目前业务仅面向上海
韵达股份	未布局
百世快递	未布局
中通快递	未布局，仅提供"优鲜送"业务，主要针对生鲜、水果等具有较高时效及安全要求的产品，保证产品优先中转、优先派送，在规定时效内完成对包裹投递的服务，满足全国市场生鲜寄递需求
申通快递	申通推出"申雪冷运"，专注于第三方冷链仓储 + 配送服务，帮助生鲜客户解决供应链环节出现的需求问题

资料来源：中国产业研究院。

5.1.3 冷链物流服务商

纵观国内冷链服务商，共有仓储型、运输型、城市配送型、综合型、供应链型、电商型和平台型七种运营模式。冷链物流服务商运营模式如表 5-2 所示。

表 5-2	冷链物流服务商运营模式	
运营模式	特点	典型企业
平台型	以 IT 为依托，依靠大数据、物联网等，融合物流金融、保险等增值服务，构建"互联网＋冷链物流"的冷链资源交易平台	冷链马甲、码上配
电商型	电商企业自建冷链平台，除自用外还为平台上的客户提供冷链物流服务	顺丰、京东、菜鸟
供应链型	围绕核心企业全程供应链服务	郑明现代物流、鲜易供应链、九曳供应链
综合型	以从事低温仓储、干线运输、城市配送为主	北京中冷、招商美冷
城市配送型	以从事同城低温配送为主	驹马物流、蚂蚁物流

续　表

运营模式	特点	典型企业
仓储型	以从事低温仓储为主，提供储存、保管、中转等服务	万纬、太古冷链、普菲斯
运输型	以从事低温运输为主	中铁特货、中外运 / sinoEx、双汇物流、荣庆物流、众荣物流

5.1.4　生鲜农产品冷链物流

近年来，国内生鲜农产品电商市场得到了高速发展。生鲜是电商中门槛最高、要求最高的品类，其中物流运输环节起到关键作用。随着国内生鲜农产品电商市场的崛起，物流需求带动冷链物流市场的快速发展。在国内生鲜市场中，农产品是主要商品之一，消费者对购买的农产品新鲜程度十分重视。其中，农产品的物流运输变得至关重要。农产品运输要求高，冷链物流成为主要形式。但目前，国内农产品运输在物流市场中占比并不大，利用冷链物流体系进行配送的更是少。统计数据显示，2022 年全国社会物流总额 347.6 万亿元，按可比价格计算，同比增长 3.4%，物流需求规模再上新台阶，实现稳定增长。其中农产品物流总额 5.3 万亿元，增长 4.1%；市场空间还很大。未来，农产品物流市场进一步开放，同时也将为冷链物流市场创造更多需求，投资机构对生鲜市场依旧看好，只是更加谨慎和趋于理性投资，资本助力生鲜农产品电商不断发展升级，如表 5-3 所示。

表 5-3　　　　　　　　生鲜电商市场 2022 年融资情况

时间	融资情况
2022 年 5 月	观麦科技获取 C 轮融资数亿元
2022 年 6 月	生鲜掌柜获取种子轮融资数百万元
2022 年 9 月	飞熊领先获取 B 轮融资数亿元
2022 年 10 月	拉活鱼领先获取天使轮融资数百万元

同时，随着居民收入水平提高，消费者对食材的新鲜程度要求越来越高，

以盒马鲜生、每日优鲜、永辉超市的超级物种等为代表的O2O生鲜门店走红，推动了国内生鲜农产品电商市场的快速成长。

5.2　电商及冷链物流发展状况

当前，物流已经成为国民经济的"血脉"，物流畅则经济活，电商物流也是经济转型升级和促进消费的重要保障。根据我国电商物流运行指数看出电商物流的发展状况，电商物流运行指数不仅准确、客观地反映了我国电商物流运行的基本特点和趋势，而且与消费、网上零售、快递、非制造业商务活动指数等经济指标具有较高的关联性，拟合度较好。随着电子商务的兴起和消费水平的提高，我国电商物流保持较快增长，在加快与其他产业渗透融合的过程中，不仅实现了自身的快速发展，也促进了零售等传统行业的颠覆式变革，极大地加快了商品价值实现的过程，一批有影响力的电商物流企业相继涌现。

根据中国物流与采购联合会与京东集团联合调查发布的中国电商物流指数显示，电商物流行业服务能力稳步提升，满意度保持较高水平。在业务量高速增长的压力下，电商物流和快递企业加大基础设施投入和新技术应用，加强网络布局和资源共享，不断提升消费旺季和尖峰时刻的应对能力，服务能力与旺盛需求形成了良性互动，成长出一批规模大、能力强、效率高、有口碑的电商物流和快递企业，行业物流时效、履约水平和运作效率都有明显提高。最新数据显示，中国物流与采购联合会和京东集团联合发布的2023年9月中国电商物流指数为112.3点，比上月环比提高1.2个点。分项指数中，总业务量、农村业务量指数止跌回升，库存周转指数、实载率指数、履约率指数、满意率指数、人员指数和成本指数继续保持增长，物流时效指数有所回落。2022年，全国快递服务企业业务量累计完成1105.8亿件，比上年增长2.1%。电商物流总体发展态势继续向好，市场规模不断扩大，行业格局仍在演变，高质量发展特征更加突出。

艾媒咨询统计，2022年冷链物流产业融资事件仅114件，融资金额为290.65亿元，为五年来新低。冷链物流产业融资额下降受到多种因素影响。

目前产业仍处在发展初期，盈利有限、外部资本市场热度下降或是主要原因。冷链物流产业仍处于发展态势，随着消费模式的升级与政府利好政策的出台，市场将会继续扩大。

5.3　生鲜农产品电商物流的重要性

电商物流又被称为电子商务时代的物流，是电子商务发展的衍生产业，也有人认为电商物流是与电子商务发展相配套的物流或物流企业的电子商务化。电商业务中的物流，并不仅仅是库存管理和收发货业务，而是将线上的虚拟交易还原到线下具体商品流通的重要客户接触点，物流已经融入产品，作为产品的一部分，能够通过物流实现品牌的差异化，作为吸引消费者的源头。电商物流是按照买卖双方的需要设置物流中转站，对商品进行保管和配货、发货、退货及信息服务的物流管理体系，物流企业对整个物流过程的所有活动进行统一管理。

对电商企业来说，物流实乃重中之重。物流是实施电子商务的根本保证，电子商务的商流结果必须由物流来完成，没有物流就不可能实现电商实物交付。在电子商务的环境下，网络消费者虽然通过上网订购完成了商品所有权的交割过程，但必须通过物流将商品和服务真正转移到消费者手中，电子商务的交易活动才能终结。因此，物流是提高电子商务的效率与效益的核心，是电商产品供应链集成以及企业快速发展的先决条件，是扩大电子商务的市场范围、提高产品竞争力的基础，末端物流配送还是接触消费者，建立品牌形象的绝佳机会。物流在电子商务交易的商流中起到了后续者和服务者的作用，没有现代化物流，电子商务的商流活动是一纸空文。

对消费者来说，物流让网购消费者足不出户就可以获得想要的产品，使用户节省了时间成本、交通成本、选购成本、消费成本。在电子商务井喷发展的同时，物流规模总量和服务都跟不上电商发展的速度，物流系统滞后于电子商务的发展需求，成为电子商务快速发展的瓶颈。在生鲜领域，无论公司大小，都绕不过去的问题就是冷链物流。目前，生鲜农产品电商经营的产品类目主要包括海鲜水产、肉蛋、奶制品、粮油、水果蔬菜等。按产品大类细算，大概占比为肉类 17.0%、水产 22.3%、水果 18.1%、蔬菜 34.5%，这四大类占比超过 90%，其他主要包括乳制品、速食食品、粮油等。商品毛利率高、生活必要需求、重复购买率高是这类生鲜农产品的突出特点，但与此同时，保质期短和易损耗亦是生鲜农产品的显著特征。

而冷链在生鲜运输和配送过程中成了保证食品质量，减少损耗的关键一环。随着行业的发展，众多生鲜农产品电商平台开始加码生鲜供应链建设，深入产业链。其中很重要的一点就是加快冷链物流体系的建设和完善。冷链物流既是生鲜农产品电商企业降低成本、提高效率、保障商品优质稳定的关键，也是生鲜农产品电商保持持久生命力，快速布局发展的重要支撑。

5.4 生鲜农产品对物流的要求

一个简单的"鲜"字，是生鲜农产品电商面临的最大难题。产地的食材可以采买全球，但是在运输过程中保证全程冷链不断链，让食材在最短的时间内以最新鲜的状态从原产地到达消费者手中，绝非易事。从农产品本身的质量安全层面考虑，生鲜农产品对物流配送的要求相当高，既要保持农产品的新鲜，又要保证送达消费者的速度，因而常用的方式就是冷链物流。从各电商企业的盈亏分析看，物流问题已经成为生鲜农产品电商水果发展的主要障碍。

生鲜农产品电商从前端到后端涉及几个环节：第一个环节是产地生产环节的集货；第二个环节是从产地到销地城市的干线物流；第三个环节是终端销地农产品的仓储、配送；第四个环节是从销地物流配送站到消费者宅配的"最后一公里"。电商生鲜农产品新鲜与否，与上游生产环节的采摘和下游终端配送环节都有着密切的关系。在生产环节，上游的采摘讲究采摘时间；生摘口感不佳，但"熟摘"对物流配送要求很高。同样，在下游配送环节，能不能快速、及时、高质量地送到消费者手里，对最终消费影响很大。比如，在水果物流上，首先是温度的要求，不同的生鲜果品在不同的季节有着不同的温度控制标准。每一种果品都有自己独特的温度标准，过高或过低都会影响水果品质，因此带来了配送的麻烦。其次是时间上的及时性。如果从广州到北京寄送杨梅需要 3 天时间才到，那么到达的时候就已经腐烂了。最后是包装也很重要，不同农产品对包装有不同的要求，不当包装会造成损耗。

从电商层面分析，由于生鲜农产品电商交易范围比较分散，产品的销售数量不容易控制，所以对物流的技术水平及信息系统要求较高。由于网络购物的品种众多，消费者遍布全国各地，对生鲜农产品电商物流的时效性和安全性提出了更高的要求，这些要求需要电商物流在专业性、运作效率等方面不断提升。同时，由于生鲜自身易腐性、易损性、笨重性等特征，B2C 电商产品种类繁多、交易次数较高、配送数量小，物流成本容易增加，并且客户大都是普通消费者，客户对个性化服务要求较高，农产品的销售数量不容易控制，所以生鲜农产品电商对物流的技术水平及信息系统要求更高，必须在一定的冷链保障下进行，成本和风险较高。从目前生鲜农产品电商看，陷入经营困难的生鲜农产品电商不在少数。电子商务研究中心曾有过统计，在生鲜农产品电商行业，全国近 4000 家生鲜农产品电商中，7% 巨额亏损，88% 小额亏损，4% 持平，也就是说只有 1% 的生鲜农产品电商处于盈利当中。主要还是因为生鲜农产品对物流要求很高。

总的来说，生鲜农产品电商物流的功能是实现生鲜农产品实体的转移，但它也造成了生鲜电子商务的瓶颈问题。

第一，生鲜农产品对冷链物流专业化要求非常高。生鲜农产品不同于其他产品，它必须保证足够的新鲜度，但是在生鲜农产品的存储、运输配送等过程中又极易导致产品的损耗，这就要求生鲜农产品必须冷藏。与普通商品不同，生鲜农产品高损耗的特性对商家的仓储、运输及周转速度都有着极高的要求，对生鲜农产品电商来说尤甚，这也是近年来生鲜农产品电商"死亡名单"不断"扩大"的原因。数据显示：生鲜冷链物流的成本较普通商品高出 1~2 倍，冷链成本占销售额 25%~40%。因此对于生鲜农产品电商来说，它的整个冷链物流建设成本非常高，回报时间也较长，大多数生鲜农产品电商都难以承受如此巨大的成本，这也就是为什么生鲜农产品电商这么烧钱。

第二，电商物流对生鲜农产品订单单价要求高。由于生鲜农产品在仓储和物流环节对冷藏、冷冻、包装要求极高，直接导致生鲜冷链物流电子商务系统的履单成本居高不下，生鲜农产品电商产品定价普遍高于线下，如果用户订单低于 200 元，那么采用冷链配送就基本处于亏损。因此，在产品和消费者选择上，生鲜农产品电商主要适用于高端产品和高端消费者。由于用户对于生鲜农产品电商的消费习惯还没有完全培养起来，国内的生鲜农产品电商渗透率还不足 2%，整个用户市场还需要一段时间的培养过程。

第三，生鲜农产品电商物流需要有自己的品牌优势。目前，做生鲜农产品电商物流的企业较多。竞争对手多，据界面新闻报道，天眼查专业版数据显示，我国有超 7.4 万家企业名称或经营范围包含"电子商务"，同时包含"生鲜、水果、蔬菜"，且状态为在业、存续、迁入、迁出的生鲜农产品电商相关企业。从地域分布来看，大多数生鲜农产品电商都还集中在北京、上海、深圳等几大一线城市。广东省的生鲜农产品电商相关企业数量最多，多达 1.8 万家，占全国相关企业总量的 24.85%。面对如此众多的竞争对手，就免不了会出现竞争同质化严重的情况，本来生鲜农产品电商就成本高、单价低，烧钱补贴的价格战只会两败俱伤，最终降低生鲜农产品电商平台的盈利能力。

第四，对生鲜供应链全程监管要求高。生鲜供应的是鲜活的农产品，与百姓生活息息相关。因此，生鲜供应链和它的冷链物流是紧紧相关的。生鲜供应链所需要解决的问题就是产品源头的质量安全问题，是去产地直接采购，还是去批发市场批发？如何解决产品的准入？如何对产品进行全程监管？因此，解决供应链采购源头、全程控制的问题也相当重要，一方面它可以保证生鲜农产品的质量，尤其保证产品可溯源；另一方面也能解决自己的进货成本问题。

第五，生鲜农产品电商物流交货的标准化要求（产品）。生鲜农产品的品种非常多，定价标准复杂，即便是同样的水果，由于不同的品质它的定价也难以统一。生鲜农产品属于非标准化产品，品质难以把控，生鲜农产品由于产地和种植时机不同，即便同一种产品，其口感差异也很大，难以标准化经营，也就无法降低它的成本，更无法提升它的经营效率，同时也导致消费者很难横向对比、评判优劣，因此生鲜农产品不易积累消费口碑。因标准化程度不高，产品的好坏往往由消费者自身判定。很多电商企业生鲜的起步销量小，很难实现与产地直接对接，从而无法从源头上把控产品的质量和价格。同时，消费者的网购量小、品类多等特点的购买方式制约了生鲜农产品电商的发展。

第六，生鲜品类差异大，物流技术复杂。目前，全品类电商会越来越受到消费者的青睐，生鲜的核心产品是菜、蛋、奶、肉。不同类别的生鲜仓储配送条件不同，就供应链来说，配送、包装环节，还有仓库、冷藏车里的温度、湿度、气体等都是非常关键的控制因子，控制难度很大。大部分生鲜农产品电商采用"冰块＋泡沫箱"的形式，而这种冷冻方式是有时间局限的，超过时间上限就无法保证新鲜度，所以生鲜农产品电商的物流技术复杂程度不言而喻。

综上所述，物流成为生鲜农产品电商行业发展最大的瓶颈，也是阻碍电子商务企业盈利的最大障碍，但消费者逐渐培养起来的个性化消费习惯为其存在提供了无限广阔的市场前景和可能性。因此，冷链物流是贯穿整个生鲜行业的脊梁，必须突破这个瓶颈，积极构建全程冷链物流，搭建具有核心优势的冷链物流体系。

总之，目前生鲜电商行业仍处于多种商业模式共存的局面，其中前置仓、店仓一体化（如盒马鲜生、大润发优鲜等）主要布局在一、二线城市，消费人群主要以一、二线城市白领为主，而社区团购模式（如美团优选、多多买菜等）则主要满足下沉市场用户需求。但不管是哪种模式，不可否认的是，高成本、高损耗、低客单价及低利润都是生鲜电商行业普遍存在的现状。买菜生意跟电商、社交等场景截然不同。产地销地批发—商超农贸市场—B端客户和C端用户之间的这张网，至今运营了几十年，庞大且成熟。而电商带来的价格和体验并不具备颠覆性，目前生鲜电商市场占有率依旧较少。

5.5　生鲜农产品电商物流模式分类——以 B2C 型为例

生鲜物流由于产品自身特点，要求必须全程冷链完成。现以生鲜农产品电商末端为例。末端物流是指送达消费者的物流，是以满足配送环节的终端（客户）为直接目的的物流活动。这类活动以消费者的兴趣为转移，在末端物流配送环节，企业能直接了解客户需求，积累消费数据，也是建立综合服务的入口，是争夺客户的关键所在。随着经济活动越来越以消费者的需要为中心，"用户第一"的基本观念深入人心，这种观念在物流活动中也得到验证。生鲜农产品电商物流企业凭借其免费消费模式渐渐培养起了消费者应用习惯，哪种方式最容易被消费者接受，哪种就更容易赢。因此，末端物流建设受到各方公司的重视，它们正在尝试多种模式和解决方案，也有一些全新的技术或装备被应用其中，因此末端物流越来越受到重视。

按照行业参与者生鲜农产品电商主要分三类：以天猫为代表的综合平台开设的生鲜频道；以中粮为代表发展时间较长、体量较大的垂直类生鲜农产品电商；定位较精准、模式较轻的新兴生鲜农产品电商。按照交易对象生鲜农产品电商的商业模式可以分为平台型 B2C、垂直电商 B2C、由 B2C 衍生的线下超市电商网等。在电商末端物流上，当前生鲜农产品电商的冷链物流配送可分为五类：一是以京东、易果生鲜、顺丰优选、两鲜、每日优鲜、沱沱工社为等代表的自营物流模式；二是以本来生活、一米鲜、喵鲜生、拼好货等为代表的第三方物流模式；三是以天天果园为代表的自营物流与第三方物流结合的方式；四是以天猫菜鸟为代表的物流联盟物流模式；五是在此基础上衍生的一些创新模式如众包物流方式等。

5.6 各类生鲜农产品电商物流模式特点分析

5.6.1 重资产模式——生鲜农产品电商自营物流

由于我国第三方冷链物流企业较少，配送水平也参差不齐、冷链专业程度不高、配置差、分散等特征，垂直生鲜自建冷链属于"被逼上梁山"的无奈之举。随着生鲜农产品电子商务网站的快速发展和网上消费的持续增长，客户对物流效率的要求越来越高，生鲜货品配送压力与日俱增。退货不退款、订单凭空消失、订单付款后通知无货、购买商品迟迟不发货、货物腐烂变质、损坏丢失，第三方物流公司频频"爆仓""快递"变"慢递""冷链不冷"等问题日益突出。同时，国内整个物流行业，很难找到一家可以做全品类生鲜的物流公司。在生鲜农产品电商客户骤增和配送服务水平低的双重影响下，不少生鲜农产品电商只能选择自营物流这种重资产的"逆向倒逼"模式。

自营物流模式按照物流环节可以分为两类：一类是自建配送中心与自营快递服务，即企业通过自建配送中心，并依靠自有的快递公司，实现对商品的配送，采取这种物流模式的企业包括京东商城、苏宁易购等。另一类是自建配送中心与核心城市快递服务，即企业在自建配送中心的基础上，将自营快递服务集中在一些核心城市，而对于其他城市则选择外包策略，采用这种物流模式的企业有亚马逊中国等。以京东为例，始终以技术驱动创新，以产品助推服务，以平台整合资源，通过构建社会化冷链协同网络，打造全流程、全场景的 F2B2C 供应链一站式服务平台，确保生鲜商家对京东冷链的安心托付，实现在消费终端的新鲜交付。2018 年 1 月 16 日，京东物流与中国国际货运航空有限公司（以下简称"国货航"）签署深度业务合作协议，双方将以构建采运销一体化的完整产业链为目标，共同提供以生鲜冷链为主的航空供应链解决方案，形成安全、可溯源的产品体系，不断为用户带来安全、新鲜可靠的高品质生活体验。同时，双方还将在国内国际航空物流、运力资源、信息化建设等领域展开创新合作，为客户、行业、社会全面创造价值。根据协议，京东物流携手国货航重点推进生鲜产地直发、海外直采等采运销一体的新模式探索实践，基于各自的专业优势，打通商品流、信息流、资金流全链条资源，构建强大、高效、专业的生鲜一体化冷链网络。据了解，初期京东与国货航通过生鲜一地发全国、机场区域转运中心及冷库资源共享、全球生鲜直采、落地配等项目展开深入合作，并持续发掘双方特色资源，将服务能力进一步扩展、融合，依据更多个性化的需求，合作提供更专业、高效的航空物流供应链解决方案。2019 年，京东物流位列冷链物流企业百强榜第二名，仅次于顺丰冷运。京东在 2020 年三季度财报中披露，截至 2020 年 9 月 30 日，京东物流的服务收入约 104 亿元，同比增长 73%，远高于京东集团整体营收 28% 的增速。京东物流在全国运营超过 800 个仓库，包含京东物流管理的云仓面积在内，仓储总面积达 2000 万平方米。自 2017 年京东物流向外部开放后，到 2020 年 1 月京东物流的外部收入占比超过了 40%，成为京东物流最重要的收入来源之一。京东自营物流仓储生鲜农产品电商企业全程冷链配送解决方案如图 5-1 所示。自营物流运营模式业务流程如图 5-2 所示。

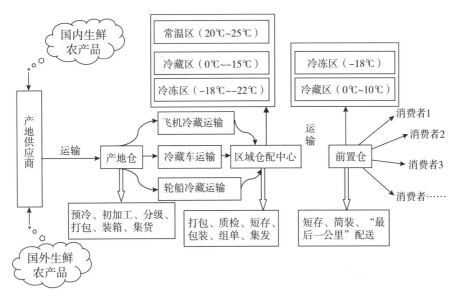

图 5-1 京东自营物流仓储生鲜农产品电商企业全程冷链配送解决方案

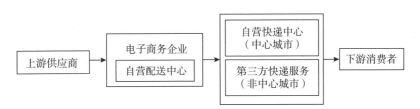

图 5-2 自营物流运营模式业务流程

1.生鲜农产品电商自营物流优势

生鲜农产品电商大佬在饱受物流瓶颈带来的严重困扰后，开始组建自己的物流中心和送货团队。以平台型的京东商城、顺丰优选为例，其成功的根本原因就在于自营物流，以易果生鲜、中粮我买网为代表的垂直型生鲜农产品电商自营物流同样也具备诸多优势。

（1）保证生鲜农产品质量。京东商城、顺丰优选易果生鲜、中粮我买网这种自营物流的方式相对于第三方物流以及众包物流的方式，对商品品质的把控能力要强很多，保证了生鲜农产品的"鲜"，产品可以进行追溯，也保证了食品的安全问题，这无形之中就解决了产品的供应源头问题，客户的满意度也会更高。京东物流早在 2014 年开始打造冷链物流体系，2018 年正式推出自营京东冷链，专注于生鲜食品，依托冷链仓储网、冷链运输网、冷链配送网"三位一体"的综合冷链服务能力，通过构建社会化冷链协同网络，打造全流程、全场景的 F2B2C 一站式冷链服务平台，实现对商家与消费终端的安心交付。从冷链物流服务的角度看，生鲜商品从仓储到运输、配送对温度有着极为严格的要求，建立起一套温控供应链体系之外，整个系统具备精准订单预测、标准化品类管理、快速配送、快速的库存周转等优势。由此可见，自营物流可以全程把控生鲜农产品质量。

（2）提高物流运行效率。在物流过程中，物流各环节协同能力强，各环节无缝对接，容易进行技术升级和标准化实施。能够更好地掌握从"生产—消费"各个环节情况，包括令电商界头痛的前端与末端"一公里"，实现全产业供应链监控，提升服务质量及效率。例如京东的物流系统不仅庞大，而且高效。京东冷链在全国 20 个核心城市布局了冷仓，可调用冷链车辆 3000 多台，冷链零担运输网络目前覆盖全国 21 个省区市、2 万余条运输线路，是目前全国最大的冷链零担网络体系。京东物流体系配备了数十万个保温箱与数万名终端配送员。生鲜农产品电商冷链宅配平台，网络覆盖超 300 个城市，仓库日均订单处理能力达 100 万件，可提供从产地、工厂到销售端再到消费者端的供应链一体化服务。据京东发布 2020 年第二季度及上半年财务业绩显示，京东物流位于廊坊经开区的"亚洲一号"智能物流中心正式启用，目前，28 座"亚洲一号"以及超过 70 座不同层级的无人仓，形成了目前亚洲规模最大的智能仓群；借助这个强大系统，京东物流实现"千县万镇 24 小时达"，"快"已经成为京东物流重要的服务标签，特别是在一、二线城市"当日达"已成为常态。在持续的技术投入下，京东集团的运营效率进一步提升。库存周转天数降至 34.8 天，创下公司近 5 年来的新低，供应链效率持续领跑。

（3）提升物流服务质量，维护公司的品牌形象。网上的商品大同小异，如果仅凭价格适宜且页面美观，很难进一步提升消费者体验。所以物流服务成为提升顾客满意度的一个关键因素，送货的及时性和安全性可以使顾客有更好的消费体验，同时对公司品牌维护起到很好的促进作用。从对物流团队的服务角度来看，自营物流不仅在配送时间上有保障，在配送服务上也能更好地进行把控，提高物流服务质量，大幅提升用户的消费体验，增加用户黏性。

（4）可以摆脱第三方物流的束缚，根据反馈及时调整策略满足客户需求。自营物流在很大程度上提升用户体验，在网上价格越来越透明情况下，拥有更棒的体验就会更好地留住用户。自营物流模式直接与消费者接触，可以第一时间知道消费者的个性需求，从而找出物流活动中的不足，不断完善自己，同时摆脱第三方物流的束缚，增强企业对物流的控制力。

（5）加快生鲜农产品电商企业资金的流转速度。目前，网上支付工具如支付宝、网上银行等已渗透到人们的生活，但由于消费者对生鲜类产品质量的重视，使大部分用户坚持货到付款。但如果企业自营物流通过自己的配送员工送货不仅能了解客户需求提高客户满意度和认可度，还能加快现金回流速度，缓解资金周转压力。

（6）拥有更多的数据资源，构建生鲜农产品电商生态圈。一方面，自营物流保障平台自身数据安全，平台的用户数据、交易数据等不存在泄漏风险。另一方面，电商自营物流对外开放，通过电商自身的销售、配送等数据，提升物流效率和体验，成为智慧物流的一部分。开放后的自营物流能联合第三方配送业务，降低社会物流成本，同时也能将第三方业务纳入电商自身的销售、金融等环节，构建快递物流业的"生态圈"。

自营物流可以借助强大的物流力量，增加电商对于配送团队和配送时效的有效管控，能够保证用户下单后货品当日送达；团队达到一定体量能够满足配送需求；能够实现大范围覆盖，专业水准高；对于生鲜农产品电商的冷链配送更有保障，用户的服务体验会更好，更容易形成行业的竞争壁垒。

2.生鲜农产品电商自营物流劣势

生鲜农产品电商自营物流看上去很美很必要，其实从某种角度上看，生鲜农产品电商自建是由需求方倒逼所产生的模式，虽然推进了冷链配送等配套产业的发展，但也给生鲜农产品电商的发展带来了矛盾。生鲜农产品电商自营物流冷链投资情况如表5-4所示。

表 5-4   生鲜农产品电商自营物流冷链投资情况

电商企业	物流方式	投资情况
中粮我买网	自营物流	近 6.5 亿元
天天果园	自营物流	近 1 亿元
沱沱工社	自营物流	近 1 亿元,自有仓库近 4000 平方米
易果生鲜	自营物流安鲜达	近 3000 万元,6 地 7 仓库,自有仓库近 6 万平方米
本来生活	配送与第三方供应商合作	自建仓库 4000 平方米
顺丰优选	依托顺丰速递自建冷链	拥有 10 座 B2C 冷库,近 6 万平方米

（1）自营物流需要大量的成本投入,占用大量资金。电商企业自营物流增加了企业的资金投入,自营物流不仅对财力、物力有很大的消耗,对人才的要求也很高,前期投入及运营成本居高不下,很难控制,绝不是一蹴而就的,单是固定成本投入就非常巨大,如冷链专线物流需要投入冷藏车辆、冷藏设备、人员,转运中心也需要投入大量冷链固定资产。

（2）运营中业务量的饱和度不高会成为生鲜农产品电商企业的巨大负担。运营之后的业务量是否饱和,能否维护正常运作,生鲜农产品电商自建冷链物流体系一旦运转起来,就面临着业务量的问题,业务量如果上不去,其庞大的日常开销将成为电商的巨大负担。由于生鲜农产品存在季节性,在淡季,电商物流面临着仓储的大量闲置,而且需要专人进行管理,导致人力成本增加,加重了电商的风险,物流设备的闲置也增加了固定投资。在旺季,又可能出现人手不足的情况,对电商企业的正常运营产生不良影响。中粮我买网完全是依托于过去中粮集团建立的全球线下供应链优势,打造了诸多仓储、零售中心,而易果生鲜的安鲜达也是背靠阿里巴巴、天猫超市等优势资源的支撑。但对于大多数中小型生鲜农产品电商平台来说,它们的业务量饱和度不够支撑起一个庞大的冷链物流配送体系。

（3）自营物流对于平台业务的扩张速度也会产生一定的影响。对于一些中小平台来说,如果它们只是在北京、上海等少数城市搭建了自己的物流配送网络,那么它们在短时间内就很难实现其他城市的配送。京东商城为了实现对物流的直接组织和管理，投入较大的资金，配备相应的物流人员，这就削弱了作为 B2C 电商企业的市场竞争力。自营物流模式对于一些小型的电商企业前期的资金等投入就会成为一笔很大的负担，对于京东商城这种具有高效的电商企业而言也有不小的风险和影响。

（4）收益较低致使盈利评估困难。很多自营物流模式的发展由于多种原因无法结合企业自身的实际进行效益资产盈利评估。很多拥有自营物流模式的企业都是将企业的收益，与当前的物流支出进行挂钩，但是因为市场经济的动荡，资源配置经常会因为市场需求的影响产生波动，这种波动往往会使消费者对产品的消费能力产生影响。所以在很多情况下，拥有自营物流模式的电商企业因为产品的原始销售金额过大，导致消费者在进行比较之后选择第三方物流免运费，从而导致电商企业自营物流模式运作之下收益较低，利益评估越发艰难。

（5）造成资源巨大浪费。如果生鲜农产品电商企业都选择自营物流模式，一方面会给社会资源带来极大浪费，另一方面也不能集中资源专注于企业擅长的领域，带来了资源配置的不合理。当企业处于销售淡季时，自建物流设施处于闲置状态，不能带来效益，反而带来成本压力，增加企业的经营成本，以国内冷链园为例，上海冷链利用率仅为 67%。自营物流重复建设带来资源浪费，成本最终将转嫁到消费者身上。

3. 生鲜农产品电商自营物流建议

（1）自营物流应"量体裁衣"。许多电商并没有雄厚的资金来支撑自营物流前期的投入成本，结果会因"供血不足"失败。当自建沉没成本相对于价格有下降趋势时，电商企业更容易提高自建比例。电商企业在自身没有实力自营物流的情况下，可以通过其他途径使盈利与服务之间达到一个平衡。比如生鲜农产品电商企业可与物流服务质量高的物流企业进行合作，以联盟的方式分担物流成本。比如有的企业根据自身实力，选择一线城市自建物流，二、三线城市交给专业的第三方物流。这种物流方式既保证了优质客户的快速购物体验，也减轻了企业自身的物流负担，等到企业有实力、有资金时再建设自己的物流体系。

（2）逐步运营，降低投入。"自营物流是没办法的办法"，由于自营物流模式前期投入过大，容易引起后期销售等环节的入不敷出。为了避免这种情况的产生，生鲜农产品电商企业可在物流配送之初选择较为低廉的仓储场地，这样就能从源头降低前期投入。布局时要以点到面地逐步运营，避免被投资拖垮。自营物流模式的产生可以满足消费者对于产品的多种需求，可为消费者量身定制他们需要的产品形式和产品的内容，保证产品及时送到消费者手中。

（3）以优质服务规范配送，增加复购率。物流配送活动在很大程度上来说对消费者的影响是积极的，因为物流配送提供多种可供选择的产品交付方式，而多种方式的提供可使销售商在整个供应链上确定不同的存货水准和期望的订货提前期，并且可以加深消费者的好感度。物流配送服务对生产企业服务效益的演变，主要是随着企业产品生命周期的演变而演变的。因此，为了进一步明确物流配送服务对其顾客的服务效益，可以通过分析企业产品生命周期的不同阶段所需的不同物流配送服务来获得。例如，京东必须靠生鲜这种复购率高的产品来分担成本，缓解持续亏损局面。

（4）加强优化以准确评估。近年来，生鲜农产品电商不断地利用各种合并手段，将各种的物流产品经营模式应用到自身的产品销售过程中，但是，这种结合百家之长的方式却不能改变电商长期以来的亏损现象。这时就要求京东商城的管理者加强各方面的问题排查，逐渐降低成本，在保证产品质量、物流质量与服务质量的基础上加强物流的优化，为盈利做出准确评估。生鲜冷链应提倡稳定成本，上下游供应商跟客户之间协商出一个稳定的价格、通过市场培育出让老百姓接受的价格，而不是盲目地在价格上博弈。

（5）加强对外开放，构建生鲜物流业的"生态圈"。如果仅仅是承载自家生鲜商品，投入巨额资金自建物流是不经济的。开放后的自营物流能联合第三方配送业务，降低社会物流成本，同时也能将第三方业务纳入电商自身的销售、金融等环节，构建快递物流业的"生态圈"。

5.6.2　生鲜农产品电商第三方物流模式

与中粮我买网、易果生鲜（安鲜达）等自营物流配送不同，本来生活、一米鲜等平台则选择了与第三方物流达成合作的配送方式。第三方物流运营模式是指电商企业将物流业务委托给第三方物流公司的物流运作方式。生鲜农产品电商企业与销地第三方物流公司签订配送协议，进行系统对接，可以跟踪配送车辆配送进程，同时对配送效果进行考核，比如破损率、丢失率、时效性等。电商企业中大部分选择的是第三方物流运营模式，业务流程如图 5-3 所示。

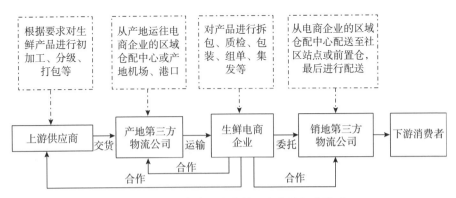

图 5-3　生鲜农产品电商第三方物流运营模式

1. 生鲜农产品电商第三方物流优势

（1）物流业务覆盖范围广，有力推进快速扩张。由于第三方物流是专门的物流企业，其服务网点通常遍布全国，甚至一些偏远的山区都能到达，可从满足客户送货上门的物流配送要求，对于他们在全国各个城市的快速扩张也有一定的帮助。

（2）提高了资金的利用率，节约投入成本。这种第三方物流配送的方式因为不需要自建配送、仓储中心等，大大节约了成本。电商企业将物流业务外包给专门的第三方物流公司，可以减少对自营物流配送中心的投入，降低物流成本，提高资金的利用率。尤其是对于大多数的中小生鲜农产品电商平台来说，它们在一开始没有足够的资金实力去建立冷链物流配送体系。

（3）有利于提高社会物流资源的利用率。随着电子商务的快速发展，越来越多的电商企业进入市场，如果每一个企业都建立自己的自营物流中心，物流设备的利用率就会很低，势必会造成社会物流资源的浪费。

（4）有利于发展其他核心业务。物流服务专业高效而低价，这主要是由于规模化和专业化产生成本优势，同时使委托企业能专注于核心业务。

2. 生鲜农产品电商第三方物流劣势

（1）大大增加隐性成本。中小生鲜农产品电商借力第三方物流成熟的物流体系和强大的冷链配送能力，是比较普遍的做法。这种做法需要经过多个配送站点周转，无形之中就加大了生鲜农产品的损耗，保鲜问题反而更严重。用户的体验无从谈起，导致重复购买率非常低。虽然节约了搭建线下物流的建设成本，但是大大提升了冷链配送的成本，最终导致用户体验下降，退货率上升，隐性成本增加。

（2）对第三方物流的配送服务质量也无法把控，客户满意度差。第三方物流服务的内容和标准达不到合同规定的要求，致使服务质量大打折扣。例如，部分第三方物流配送快递员都是把生鲜农产品送到小区门口保安亭，或者打电话让消费者到指定地点自取，增加损耗风险。尤其是在二、三线城市，快递员的配送服务质量普遍偏低。例如，海口的第三方物流配送服务相比北京要差很多，在海口快递员基本不送货上门，即便顺丰快递也是如此，有的快递员甚至连个电话和短信提醒都没有，就直接把货品放在了小区保安室。由于第三方物流企业控制物流的最终环节，电商企业就失去了与客户面对面接触的机会，无法满足客户的个性化服务要求，对于培养客户的忠诚度产生不良影响，满意率低，甚至由此失去客户资源。

（3）生鲜农产品电商企业对第三方物流的依赖性增强，增加运营风险。电子商务过程中的物流服务是整个消费供应链中与客户接触的最后一个环节，第三方物流服务商在深度介入后控制了电商客户最后一个接触点，会逐步掌控对消费者的主动权。同时，生鲜农产品电商企业在将物流业务外包后，其经营效果便在一定程度上依赖于第三方物流企业的绩效，而且一旦第三方物流公司出现状况，就会影响整个生鲜农产品电商企业的正常运营，对其发展产生不良影响。例如，春节期间，部分第三方冷链快递企业很快进入了"春节模式"，生鲜农产品电商领域长期博弈的自建和第三方物流在春节假期中的表现形成了鲜明对比，短时间内依托于第三方物流的电商业务就会受到影响。

（4）削弱电商对数据信息的控制力，末端客户数据价值流失风险大。在与第三方合作的客户关系数据管理上，电子商务企业与第三方物流服务商合作面临重要风险。一是隔离了电商对客户关系的直接对接，增加客户流失风险；电子商务企业减少了同顾客直接接触的机会，而第三方物流掌握了电商客户集成的订单、产品配送状况、售后服务等业务数据，成了直接接触顾客的企业，阻断电商对客户需求数据的掌握。二是顾客信息安全性受到威胁，信息可能被泄露；顾客资料在双方合作过程中是共享资源，物流服务商稍有不慎就可能将顾客资料泄露，导致电子商务企业不能正确评估市场信息和其竞争力。

（5）难以形成完整的生鲜物流供应链，标准化制定和实施难。与世界发达国家相比，我国冷链物流企业在服务质量、服务规范、服务内容等方面还存在许多差距。大多数物流企业只提供单一的物流服务，物流功能大多停留在储存、运输和城市配送上，相关的包装、加工、配货等增值服务不多，能够为客户提供高附加值的服务就更少，更不用说建立规范化的标准和执行严格的标准，这些问题使我国的第三方物流企业缺乏竞争能力，不能形成完整的物流供应链，标准制定和实施难。

3. 自营物流仓储的生鲜农产品电商企业与采用第三方物流仓储的生鲜农产品电商企业优劣势对比（见表5-5）

表5-5　自营物流仓储的生鲜农产品电商企业与采用第三方物流仓储的
生鲜农产品电商企业优劣势对比

生鲜农产品电商物流模式	优势	劣势
自营物流	①保证生鲜农产品质量； ②提高物流运行效率； ③提升物流服务质量，维护公司的品牌形象； ④可以摆脱第三方物流的束缚，根据反馈及时调整策略满足客户需求，提高客户占有率； ⑤加快生鲜农产品电商企业资金的流转速度； ⑥拥有更多的数据资源，构建生鲜农产品电商生态圈	①自营物流需要大量的成本投入，占用大量资金； ②营运中业务量的饱和度不高会成为生鲜农产品电商企业的巨大负担； ③自营物流对于平台业务的扩张速度也会产生一定的影响； ④收益较低致使盈利评估困难； ⑤造成资源巨大浪费

续　表

生鲜农产品 电商物流模式	优势	劣势
第三方物流	①物流业务覆盖范围广，有力推进快速扩张； ②提高资金利用率，节约投入成本； ③有利于提高社会物流资源的利用率； ④利于发展其他核心业务	①大大增加隐性成本； ②生鲜农产品电商企业第三方物流的配送服务质量，无法把控客户满意度； ③生鲜农产品电商企业第三方物流的依赖性增强，增加运营风险； ④削弱生鲜农产品电商企业的数据信息控制力，末端客户数据价值流失风险大； ⑤难以形成完整的生鲜农产品供应链，标准的制定和实施难

5.6.3　物流联盟型运营模式

物流联盟是指两个或两个以上的企业，为实现自己的战略目标，通过某种协议组建物流联盟，将各成员的物流资源整合起来，形成风险共担、优势互补的物流组织。物流联盟联合社会化的仓储、配送的资源及能力，与合作伙伴一起，在大数据支撑下，为商家提供具有行业特色、电商特色的仓储和配送服务，提高商家的仓储和配送执行效率、节约管理成本，同时通过打造多样、个性化的服务向消费者提供更优质的物流服务体验。

阿里巴巴成立之初的时候就提出过"三流合一"的方案，即打通信息流、资金流、物流三个环节，淘宝、天猫解决信息流，支付宝和小微金融服务解决资金流，菜鸟网络成了阿里巴巴构建其电商版图的物流突围支点，菜鸟网络要打造的是基于阿里巴巴电商生态系统的物流服务平台。菜鸟网络"三流合一"全程冷链配送解决方案如图 5-4 所示。

社会化联盟最典型的是菜鸟网络。菜鸟网络是一个数据驱动、社会化协同的物流与供应链平台，由阿里巴巴集团、银泰集团联合复星集团、富春集团、申通集团、圆通集团、中通集团、韵达集团等共同组建。实际上，菜鸟网络的成立是为了应对京东等"自营＋自营物流"模式的崛起。以京东商城、亚马逊与苏宁易购为代表的 B2C 电商如雨后春笋般破土而出，给同属 B2C 的

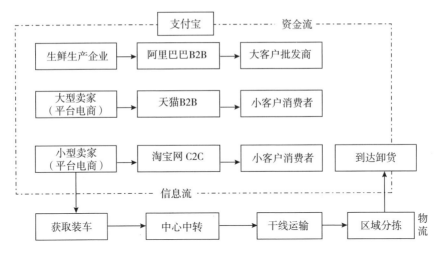

图 5-4　菜鸟网络"三流合一"全程冷链配送解决方案

天猫商城带来了巨大的竞争压力。由于京东、亚马逊和苏宁等都有自己的物流体系，它们可以提供比天猫／淘宝体系时效性更强、体验更优的物流配送服务。然而，以阿里数倍于京东的 GMV（商品交易总额）体量，自营物流的模式过于重资产了，因此也没成为阿里的选择。平台出身的阿里最终选择了一条平台的路线来改造旧的物流体系，由此便诞生了菜鸟网络。生鲜物流联盟型运营模式业务流程如图 5-5 所示。

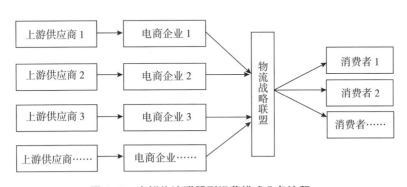

图 5-5　生鲜物流联盟型运营模式业务流程

1. 物流联盟模式的优势

（1）降低物流成本。以菜鸟为例，菜鸟网络通过引入仓配网络，打破了以往快递行业"揽件—中转—派件"的业务流程。凭借淘宝和天猫多年积累的销售数据，菜鸟网络能够为大型卖家提供精准的备货建议，极大地降低大型卖家全国分仓的成本。当消费者发生真实的购买行为时，货物直接从各地仓库就近发出，不需要再经历"揽件—中转"的过程，从而大幅提升了商品配送的时效，优化了物流服务体验。为了实现这一目标，重要的环节主要有两个：一是全国性的仓储网络，这是阿里巴巴积极和银泰等地产公司合作的原因；二是智能分仓所需的大数据，这是菜鸟与顺丰大数据之争的根源。凭借菜鸟的大数据，阿里能为商家提供分仓建议、补货建议，极大提高商家的商品周转率、降低了货物调拨成本。2014年菜鸟电子面单诞生，逐渐取代传统纸质面单，推动中国快递业进入数字化时代。电子面单成为推动快递行业数字化的基石，到2019年菜鸟电子面单已经累计服务800亿个包裹，节约纸张3200亿张，帮助全行业节约成本160亿元。电子面单记录消费者的姓名、地址、电话、消费行为、购买频次、消费习惯等大数据，借助电子面单既能帮助快递企业合理规划路由，也能协助商家备货、发出风险预警以及优化供应链。

（2）提高资源利用率。物流联盟其实就是一个整合平台，整合多个快递公司的资源，形成一个物流数据平台。菜鸟的目标一方面是为阿里电商平台提供更好的物流配送服务体验，成为阿里电商产业链中的一环。另一方面菜鸟不只整合资源，更是一个购买社会化服务的"外挂"。菜鸟最大的优势就是通过同盟军的方式来快速完成覆盖，成本极低，灵活性大。许多物流联盟是将物流企业的物流资源进行整合，提高了资源的使用效率，同时由于资源实现共享，电商企业可以减少人力、物力的投入，降低投资风险。在冷链上，菜鸟为生鲜蔬果、水产冻肉、冷冻冷藏食品等对运输温度以及配送质量有一定要求的商品，提供专业的全链路冷鲜物流服务。通过整合全国冷链资源，搭建全国冷链分仓体系，减少中转环节、缩短配送路径、降低货品损耗和商家物流运营成本、提升配送时效。末端主要通过落地配网络实现全国近千个区域次日达配送，也可提供上门揽收的生鲜配送服务。2019年4月，菜鸟联合多家落地配公司推出全新品牌"丹鸟"，定位相对高端，业务主要集中在生鲜、准时送达产品，要求送货上楼、统一外观形象，破损率低和24小时签收率均超过商家预期。专注于提供优质的区域性、本地化配送服务，对全国落地配网络进行升级，包括协同配送运营和服务质量管控，进一步整合资源，提升商家的物流效率和消费者的物流体验。

（3）建设社会化大容量物流，提高企业的运营水平。物流联盟将企业的物流信息共享，成员之间可以互相学习先进的物流技术、管理经验等，使整个物流联盟的运营水平提高，向更专业化、集约化方向发展。通过社会化协作的方式，物流联盟得以对社会物流资源进行整合并引入了更多的优质合作伙伴，实现大容量物流。

2.物流联盟模式的劣势

（1）物流联盟的稳定性较差。一方面，物流联盟虽然共享物流资源，但联盟成员的运营规模、知名度等方面各不相同，加入物流联盟获得的收益也会有所差别。另一方面，物流联盟是一个自发性组织，对成员的约束力不强，一旦发生成员背叛的现象，整个物流联盟都可能受到影响。如何做到成本与利润的有效分配，是物流联盟现阶段面临的问题。

（2）物流配送不容易标准化。由于物流联盟是实现物流资源的共享，只有大量的物流企业加入才可能实现规模经济效益。但如果联盟成员数量过多，则很难实现配送的标准化，也会影响物流配送的效率。

总之，以菜鸟网络为代表的物流联盟形式，为使这一物流生态模式更具有长远竞争力和建立真正高效的社会化电商物流而积极探索。菜鸟网络从成立至今，联合"通达系"打造线下高效物流配送体系，使快递成为整个商业的基础设施，对于想成为整个物流行业数字化引擎的菜鸟来说，未来从快递向供应链、大物流领域延伸是必然的发展方向。

5.6.4 自营物流与第三方物流结合的混合物流模式

对比自营物流与第三方物流的优劣势，部分生鲜农产品电商根据自身实力，建立自营物流与第三方物流的混合模式。这种模式下自营物流中心和掌控核心区物流队伍，将非核心区的物流外包；这种模式在一定程度上节约了大量资金，但因自建配送主要在核心区，服务半径短，非核心区客户依然享受不到快捷优质的服务。比如天天果园，据天天果园官方数据，除上海外自营物流退货率是 0.3%，其余由第三方物流运输的城市退货率高达 6% 以上。正是看到了第三方物流的高损耗、高退货率，天天果园拿下京东的 7000 万美元融资之后，开始了大规模的冷链仓储建设。天天果园以"追求极致新鲜"为理念，针对生鲜商品量身定制了"前置仓＋近距物流"自建物流体系，并针对不同特性水果，定制专属的特殊包装，在运输途中保护水果，从而满足用户对生鲜商品"及时、新鲜"的需求。天天果园大力升级其物流服务体系，在 2020 年 4 月，在上海率先启动"一日三送"配送升级计划，这一举措极大地提升了用户的生鲜购物体验，现已覆盖上海静安区和黄浦区，"次日一日三送"覆盖外环内地区，未来计划将逐步覆盖整个上海市，并将该业务逐步扩展至其他重要城市。

混合物流模式在一定程度上让自营物流和第三方物流进行互补。在核心区，选择自建配送队伍，少量采用的第三方配送，也只是租用第三方的车辆和司机，送货员仍是电商的员工，在送给客户前，还可以检查一遍货物是否完好。混合物流模式将核心区物流做得比较精细。

同时，混合物流模式不利于集中管理，在一定程度上会分散核心竞争力，需要企业投入更多人力财力。在快速扩张的路上，第三方物流配送战线也拉得更长，需要更大的成本投入，融再多的资金也难以支撑下去。在自营物流提高服务质量上所花的心思，一定程度上也带来成本的增加。

总之，生鲜农产品电商说到底还是一个唯重不破的行业，只有选择适合电商企业自身条件的物流模式，形成供应链体系，把采购、干线物流、仓储、配送等环节无缝衔接起来，才能发挥最大效应。

5.6.5　众包物流模式

要尝"鲜"的生鲜农产品电商，物流和仓储就是重中之重。在生鲜农产品电商领域，物流是悬在任何一家企业头顶上的"达摩克利斯"之剑，同样，它亦是新兴企业破局生鲜市场的"神器"。针对物流，各类电商行业使出浑身解数，如前文所述的自营物流、第三方物流等。而一些实力不够雄厚的小企业，则从滴滴、Uber 共享约车等模式中得到启示，开启共享物流模式，物流资源的共享就衍生出物流众包，适用于生鲜零售行业的生鲜宅配需求，共享众包模式的发展正是推动生鲜零售发展的良好推动力。既要获得最优的用户体验，又可将损耗成本降至最低，众包物流恰恰成了首选。

所谓众包，就是公司或机构把过去由员工执行的工作任务，以自由自愿的形式，通过网络外包给非特定的群体。所谓众包物流，是指把原本由企业员工承担的配送工作，转交给企业外的大众群体来完成，通过招揽有空闲时间的人员"顺路捎带，随手赚钱"，成为兼职快递员，完成"最后一公里"的配送。众包物流是在共享经济兴起的背景下新兴的物流模式，目前众包物流配送包括京东到家、人人快递的"餐送"等。以京东到家与达达为例。2014 年达达公司 App 上线，分别是供商家使用的 App（用户发单）以及供配送员操作的达达 App，达达公司的口号是"达达，使命必达"，且决心用移动和众包这种新兴方式来解决在 O2O 领域的最大痛点——最后 3 公里（针对本地商户）的配送，属于典型的众包物流。

无论从时效、成本，还是从团队管理、专业化程度而言，众包物流都有其独到的优势。在众包模式下，大众在可自由支配的碎片化时间内，发挥自己的体力或者才智进行"盈余性"的社会创造，实现高效、资源最大化利用、个体奉献的同时，参与者还能获得一定的回报。发挥人们的社交潜力，任何人都可以为提供优质产品和服务体验的商家代言，在社群中传播口碑，形成商家自有的持续增长的优质流量。众包本来就是共享经济，大众可以利用闲暇时间赚点小钱。不管是外卖配送、商超配送、生鲜配送等，都可以接入第三方众包模式。只有整合线下诸如社区便利店等资源，利用社会众包仓储的模式，才能从根本上解决生鲜配送的仓储成本以及损耗过高的问题，真正实现极速配达。用户通过手机下单之后，距离用户最近的"鲜锋官"们选择最近的社区便利店，形成发散点到聚集点的流程形式，以极快的速度完成订单配送，而这个极"快"的速度，就是平均时效 30 分钟以内。

优势一：物流成本大大降低。由于不用自己供养配送队伍，利用共享资源，大大降低了物流成本。这对生鲜农产品电商来说是一个减负的选择，既不用投入大量资金，又满足了配送需求。

优势二：物流配送效果好。表现在三个方面：一是整合社会物流资源，可以利用社会丰富的闲散人员、车辆等；二是配送人员分散在各个社区，覆盖面比较大；三是配送人员因为对路况熟悉，可以保证配送的时效性。

但是，对于生鲜本身来说，众包物流仅仅是一个尝试，缺点是众包物流配送的服务不规范、专业化不高，服务质量和服务水平低。此外，能实现的城市范围有限。生鲜农产品电商的物流众包模式的先决条件是人员、车辆资源丰富，信息透明化高，这些条件只有在劳动力较为充沛的北京、上海等一线城市能够得到满足，二、三线城市很难，所以，众包生鲜物流还有很长的路要走。

总之，相对于传统农产品流通模式，生鲜农产品电商、产地直供等新兴物流模式弱化了时间、空间对农产品流通的束缚，精简了农产品供应链环节，并依托互联网平台建立起了产、供、销的信息链。从以上五种不同冷链物流的配送模式来看，选择哪种物流模式对电商企业至关重要，而不同的物流运作模式各有所长，也有其不足之处，电商企业选择哪种物流运作模式，主要取决于电商企业自身的资金实力、运营规模与经营策略、企业城市的空间布局、主营产品的特点，以及第三方物流企业的服务能力等。2019 年以来，生鲜市场面对国内外风险挑战正在持续升级、生鲜巨头加速布局、食品安全等问题务必予以重视，不管互联网、共享经济多热，终究是解决商业链条某些环节的问题，只是使用互联网为工具提高经济效率，降低运行成本，服务仍然是生鲜农产品电商物流之本。如何在未来打造全链路直连用户的智慧营销，通过最优选址、配送优化、无人仓储构建效率更优、成本更低的智慧物流，并通过品类规划、供需算法、安全追溯、重塑供需、高效匹配的智慧供应链，开拓出新的电商与物流盈利模式，将会成为行业竞争焦点。

6 生鲜农产品电商消费者调研实证分析

6.1 调研数据分析

6.1.1 基本信息

1. 性别与年龄分布

本次调研人群中男性占 43.4%、女性占 56.6%，其中在是否网购生鲜品中，回答是的男性占 38%、女性占 62%。在整个调研中，男性网上购买生鲜的人数占男性总数的 40%、女性占 47%，比例上没有显著差别。一方面样本中男性偏少；另一方面说明女性网购生鲜较多，是网购主力，但男性也毫不逊色。

调研结果显示，在网购生鲜的人群中，18 岁及以下的为零、19~25 岁的占 17.1%、26~35 岁的占 21.3%、36~45 岁的占 34.0%、46~55 岁的占 23.4%、56 岁及以上的占 4.2%。各年龄段网购生鲜比例如图 6-1 所示。

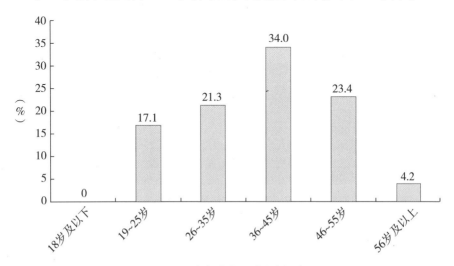

图 6-1 各年龄段网购生鲜比例

2.网龄对比分析

消费者通常从风险系数较低的品类开始网购，随着经验的积累而逐步扩大网购品类的范畴。随着智能手机的普及，网购渠道越来越便利，98%的消费者都是用手机App网购生鲜。在调研中，当消费者网购年限达到5年时，网购生鲜比率开始大幅上升。伴随着近年来我国电商的高速发展，经验丰富的网购者快速增长，预计到2020年中期，网购者都将成为具有丰富网购经验的消费者。

3.学历、工资水平分析

本次调研人群中，硕士研究生及以上的占42.3%，本科占34.5%，高中及大专占21.6%，初中及以下的占1.6%。

根据调研，不同学历的人群中购买比例不同（见图6-2）。在不同学历段中，各学历段有购买经历的比例差异较为显著，硕士研究生及以上学历人群中网购生鲜农产品的人数占该学历段总人数的53.5%，本科占42.9%，高中及大专占16.1%，初中及以下的没有。这从某种程度上说明学历越高，工作相对越忙，上网时间越长，网购生鲜的比例越大。

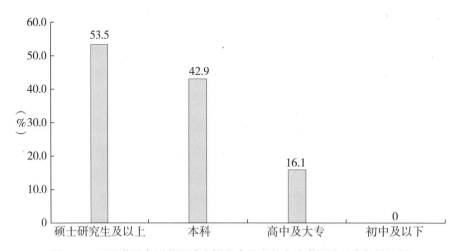

图6-2 不同学历人群中网购生鲜农产品人数占该学历段总人数的比例

本次调研人群中，月收入10001元及以上的占17.8%，5001~10000元占36.8%，3001~5000元占27.0%，3000元及以下占10.2%，无收入的占8.2%。

从收入与生鲜农产品网购行为关系比例看，收入越高其比例越高。月工资水平在 10001 元及以上的人群网购生鲜农产品的人数占该收入段总人数的 49.0%，收入 5001~10000 元的占 53.1%，收入 3001~5000 元的占 35.5%，收入 3000 元及以下的占 16.9%，无收入的占 17.0%。不同收入人群网购生鲜农产品人数占该收入段总人数的比例如图 6-3 所示。

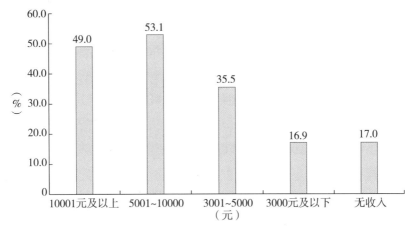

图 6-3 不同收入人群网购生鲜农产品人数占该收入段总人数的比例

4. 基本购买条件

从下单能力和能否收快递两个方面进行调研，90% 的被调查者都具备相应的条件，只有 10% 的人员目前不具备收快递的条件。主要原因是调查对象大部分限于城区，有一定的局限性，另外北京地区交通和物流都比较快捷方便，智能手机利用率也高。

5. 职业分布

在本次调研人群中，企业白领占 26.6%，公务员及事业单位人员占 38.7%，自由职业者占 4.4%，普通工人占 19.9%，学生占 10.4%。

从职业人群与网购行为关系比例看，企业白领人群中网购生鲜农产品的人数占该职业段总人数的比例为 54.2%，公务员及事业单位人员的比例为 44.6%，自由职业者的比例为 40.0%，学生的比例为 30.2%，普通工人的比例为 21.9%。企业白领、公务员及事业单位人员工资较高，所以网购生鲜农产品比例相对较高。不同职业网购生鲜比例如图 6-4 所示。

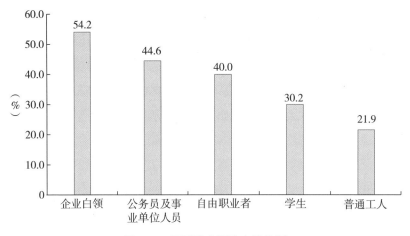

图 6-4 不同职业网购生鲜比例

从以上对基本信息的分析中可以看出，高学历、高收入人群是网购生鲜的主要群体。

6.1.2 无网购生鲜经历的人群分析

1. 人群特征

无网购生鲜经历的人群中，84% 的人员具备购买条件，但并不愿意网购生鲜，仅有 16% 的人员不具备购买条件；85% 的人员购买生鲜比较方便，且 86.7% 的人员都在超市和农贸市场购买，说明这是线下购买生鲜的主渠道。且从购买频次看，每天都购买的占 18.4%，每周 2~3 次的占 38.3%，每周 1 次的占 43.3%，这说明有 18.4% 的人有时间购买生鲜，这部分人处于空闲状态，将每天购买生鲜当作消遣，不是潜在的网购生鲜客户。

2. 对网购生鲜的购买意向及阻碍因子分析

无网购生鲜经历人群中，对网购生鲜不感兴趣的人占 16.5%，无所谓的人占 67.6%，很感兴趣的人仅占 15.9%（见图 6-5）。大部分人员处于无所谓的状态，一旦有兴趣将会是有潜力的网购人员。从消费者的购买习惯来看，国内的生鲜农产品电商还处在一个初步发展的阶段，未来发展的空间较大。

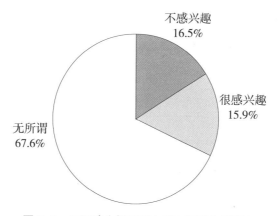

图 6-5 无网购生鲜经历人群中网购生鲜意向

3. 购买影响因子分析

无网购生鲜经历人群中，如果愿意尝试网购生鲜，最吸引他们的可能原因如下：根据首位因子，考虑品类的"网购生鲜品类丰富，可选择机会多"占 41.7%；考虑时间的"网购能够节省购物时间"占 28.3%；考虑价格的"网上购物能让我买到物美价廉的商品"占 15.0%；考虑可靠性的"朋友推荐"占 11.7%。购买影响因子分析如表 6-1 所示。

表 6-1　　　　　　　**购买影响因子分析**

影响因子	第 1 位	第 2 位	第 3 位
网购生鲜品类丰富，可选择机会多	41.7%	26.7%	20.0%
网购能够节省购物时间	28.3%	30.0%	30.0%
网购能让我买到物美价廉的商品	15.0%	26.7%	31.7%
朋友推荐	11.7%	10.0%	13.3%
享受时尚感	3.4%	6.6%	5.0%

注：数据存在四舍五入，未进行机械调整。全书同。

根据首位因子，消费者主要的顾虑是：认为"生鲜质量无法保障（易腐和易损）"占 75.0%；认为"看不到实物"占 21.7%，所以质量是购买因素的首选，只要质量过硬，大部分消费者还是愿意尝试网上购买生鲜。进一步分析，大部分退休老人将线下购物当作乐趣，基本没有网购意愿，除非是线下买不到的产品。消费者主要的顾虑因子如表 6-2 所示。

表 6-2　　　　　　　　　　　　消费者主要的顾虑因子

顾虑因子	第 1 位	第 2 位	第 3 位
生鲜质量无法保障（易腐和易损）	75.0%	18.3%	5.0%
看不到实物	21.7%	58.3%	15.0%
网购会损害我的个人隐私	3.3%	1.7%	6.7%
物流时间无法保证	0.0%	16.7%	66.7%
网购存在着资金风险	0.0%	5.0%	6.7%

6.1.3　有网购生鲜经历的消费人群分析

1. 人群特征

在有网购生鲜农产品经历的人群中，从购买频次看，每天都购买的占 6.4%，每周 2~3 次的占 34.0%，每周 1 次的占 59.6%。

2. 吸引消费者购买的主要因子分析

经过对网上购买人群调查，得出吸引他们购买的主要因子：根据首位因子，排名第 1 位的是"网购能够节省购物时间"，占 36.2%；排名第 2 位的是"能够更快使我完成购物或寻找到信息"，占 23.4%；并列排名第 3 位的是"网购生鲜品类丰富，可选择机会多"和"网购能让我买到物美价廉的商品"，各占 19.2%，吸引消费者购买的因子分析如表 6-3 所示。

表 6-3　　　　　　　　　　　　吸引消费者购买的因子分析

主要因子	第 1 位	第 2 位	第 3 位
能够更快使我完成购物或寻找到信息	23.4%	40.4%	14.9%
网购生鲜品类丰富，可选择机会多	19.2%	34.0%	31.9%
网购能够节省购物时间	36.2%	12.8%	25.5%
网购能让我买到物美价廉的商品	19.2%	8.5%	21.3%
享受时尚感	0.0%	2.1%	4.3%
朋友推荐	2.0%	2.2%	2.1%

3.网购生鲜时主要顾虑的因子分析

经过对网上购买人群调查，网购生鲜时主要顾虑的因子如下：根据首位因子，排名第1位的是"生鲜质量无法保障（易腐和易损）"，占70.2%；排名第2位的是"看不到实物"，占23.4%；排名第3位的是"物流时间无法保证"，占4.3%（见表6-4）。这说明网购时消费者主要顾虑的是生鲜农产品质量。因此，对生鲜农产品电商农产品质量的保障是桎梏市场发展的重要原因之一，这也是众多平台在仓储和物流过程中需要努力攻克的问题。

表6-4　　　　　　网购生鲜时主要顾虑的因子分析

顾虑因子	第1位	第2位	第3位
生鲜质量无法保障（易腐和易损）	70.2%	23.4%	6.4%
看不到实物	23.4%	51.1%	17.0%
物流时间无法保证	4.3%	19.2%	61.7%
网购会损害我的个人隐私	2.1%	2.1%	6.4%
网购存在着资金风险	0.0%	4.2%	8.5%

4.消费者选择生鲜网站的主要因子分析

进一步分析选择这些网站的主要因子如下：排名第1位的是物流，占40.4%；排名第2位的是质量占31.9%；排名第3位的是价格占12.8%。如表6-5所示。这说明消费者选择网站时，首先考虑的是冷链物流质量，其次是产品质量。

表6-5　　　　　消费者选择这些网站的主要因子分析

影响平台网站选择的主要因子	第1位	第2位	第3位
物流	40.4%	23.4%	17.0%
质量	31.9%	40.4%	21.3%
价格	12.8%	17.0%	42.5%
品牌	8.5%	6.4%	6.4%
品类丰富	6.4%	12.8%	12.8%

5. 网购生鲜农产品品种选择

经过对网上购买人群调查，网购生鲜时消费者选择的主要农产品品类如下：根据首位因子与平均排名，排名第 1 位的是水果，占 55.3%；并列排名第 2 位的是蔬菜和肉类，各占 17.0%；排名第 3 位的是奶制品，占 6.4%。如表 6-6 所示，水果、蔬菜和肉类、奶制品是消费者在生鲜农产品电商上购买最多的品类。另外，由于生鲜农产品电商不受地域空间的限制，消费者可以购买到非本地的生鲜农产品，而进口水果、肉类等高端生鲜农产品也是消费者较为青睐的线上购买品类。通过进一步调研可以看出，生鲜农产品电商的特质决定了其对个性化、差别化需求具有的良好适应能力。

表 6-6　　　　　　　　　网购生鲜农产品品种选择分析

网购生鲜农产品品种	第 1 位	第 2 位	第 3 位
水果	55.3%	25.5%	8.5%
蔬菜	17.0%	27.7%	25.5%
肉类	17.0%	10.6%	34.0%
奶制品	6.4%	21.3%	15.0%
水产	4.3%	14.9%	17.0%

6. 网购生鲜农产品频率分析

消费者通过高频次购买生鲜农产品来保证产品的新鲜度，78% 的受访者表示他们每周购买新鲜蔬菜的次数超过 1 次。但消费者购买渠道越来越多，一站式购买越来越不受到欢迎，消费者购买生鲜农产品的平均渠道数量高达 4.1 个。生鲜农产品电商凭借更多样化的产品选择、更好的质量等优势，使消费者增加了生鲜购买频次。"重度"生鲜网购者每周购买蔬菜总共 3 次，而"非重度"生鲜网购者每周只购买 1 次。

从有购买经历的消费者的购买频率来看，大多数的消费者并没有养成定期通过电商购买生鲜农产品的习惯。每周通过电商购买生鲜一次或者更多次的消费者占比仅为 26%；而出于尝鲜目的，每月购买 2~3 次的消费者占比高达 55%；甚至有的消费者一年才购买 2~3 次，占比 19%（其中，节日送礼占

90%)。所以，通过电商渠道销售生鲜农产品比例非常低，占比不到全部生鲜销售的 3%，其潜力巨大，是电商行业中的一块肥肉。对于生鲜农产品电商来说，扩大生鲜农产品电商的普及率，引导消费者养成固定购买的习惯，并通过规模效应降低生鲜的销售成本将是未来发展的重点。网购生鲜农产品购买频率比例如图 6-6 所示。

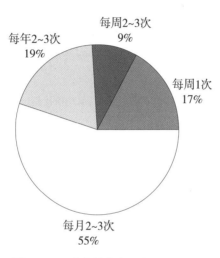

图 6-6　网购生鲜农产品购买频率比例

7. 网购生鲜的订单平均价格分析

根据调研，目前单个订单 50 元及以下占 10.6%，51～100 元占 55.3%，101～200 元占 29.8%，201 元及以上占 4.3%（见图 6-7）。生鲜农产品电商企业免运费配送的客单价区间集中在 150～200 元，而市民日常生鲜购买客单价区间集中在 20～50 元，高客单价、高毛利是生鲜农产品电商的典型特征。根据顺丰的数据可知，在北京市六环内平均每单冷链配送的成本在 40元以上，而客单价必须超过 100 元才可能不亏。调研结果表明，目前冷链物流成本居高不下、订单量不足和客单价不够高导致冷链配送的成本过高，是生鲜农产品电商出现不盈利现状的根本原因，至少有 50% 的订单是不盈利订单。提高订单量和订单单价的主要障碍是产品价格和整体消费水平，这两项都很难改变。

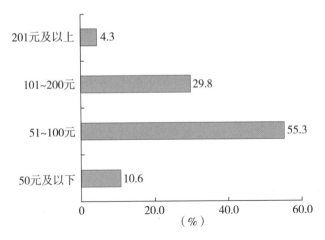

图 6-7　网购生鲜每单均价比例

8. 消费者对网购生鲜农产品的价格（包含运费在内）接受程度分析

大部分消费者能够理性地对待价格问题，31.9% 的消费者认为网购价格应该低于传统方式的购买价格，38.3% 的消费者可以接受网购产品价格等于传统方式购买的价格，有 23.4% 的消费者接受高于传统方式购买价格的 10% 以内，仅有 4.3% 的消费者表示可以接受高于传统方式购买价格的 10%～20%。这说明约 68% 的网购人群对等于或高于传统方式购买价格完全可以接受。网购生鲜价格意向如图 6-8 所示。

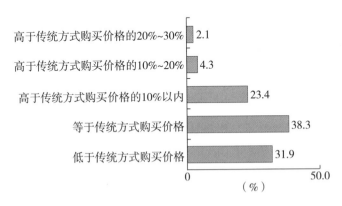

图 6-8　网购生鲜价格意向

9. 消费者对网购生鲜农产品品质的接受程度分析

根据数据分析，网购生鲜人群顾虑的主要因素是生鲜农产品的质量。在同样的价格条件下，61.7% 的人群认为网购生鲜农产品的品质要优于传统方式购买的产品。换句话说，网购可以跨越中间环节，能够实现"产消"直接对接，用买二级产品的价格获得一级产品的质量。有 38.3% 的人群认为同样的价格，网购生鲜农产品的品质至少和传统购买方式获得的质量一样。网购生鲜农产品的品质消费者可以接受的最大限度如图 6-9 所示。

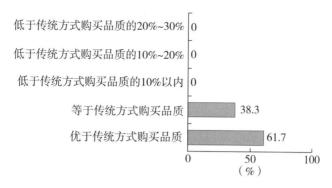

图 6-9　网购生鲜农产品的品质消费者可以接受的最大限度

10. 满意度分析

从消费者对网购生鲜满意度的调研结果看，11% 的消费者很满意，85% 的消费者基本满意，只有 4% 不满意（见图 6-10）。这说明网购生鲜在质量、价格、物流方面的服务基本符合消费者对网购生鲜的需求。进一步分析基本满意和不满意的消费者，对质量不满意的人认为存在的主要问题如下：产品质量不稳定，在配送中有的产品外观、品质损坏，产品不新鲜甚至腐烂；产品没有质量证书，比如进口的产品没有标识，没有可信度；产品没有检测报告，也没有等级证明，无法证明产品是否优质优价；产品没有来源证明，不能溯源，无法确认是消费者所需要的原产地产品。对物流不满意的人认为存在的主要问题如下：产品配送时间太长，有的在三天以后才送达；生鲜类产品配送前没有预约，无法保证消费者在有冷链保证的前提下实时收到产品；肉类和水产类产品在常温下配送，没有执行冷链标准，导致消费者对产品质量严重不信任。这说明质量和物流是消费者不满意的主要原因，甚至部分消费者购买一次后就再也没有兴趣购买，因此，质量和物流也是影响复购率最直接的原因。

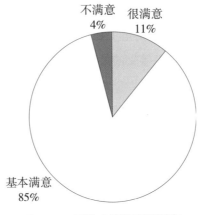

图 6-10　网购生鲜满意度调查

6.1.4　网购生鲜物流配送需求分析

如今，行业内产品同质化和价格透明化愈演愈烈，消费者对于企业服务能力特别是物流能力要求也越来越高，更有甚者会直接在不同网站下单，选择最快的一家付款。"东西很好，就是物流太慢了！"这句话已经成为国内各大电商网站留言中最常见的一个评价。相关数据显示，送货延期、丢失以及订单无故取消导致的消费者投诉占电商行业所有投诉的 40%，而物流短板在一些大型促销活动中表现得尤为明显。无论是拥有自营物流体系还是依托第三方物流，持续攀高的物流成本更是众多电商企业经营者的"心病"。

1.网购生鲜消费者对配送费的接受度

调研发现，消费者网购生鲜免费配送占的比例较大，粗略估计大约有70% 的订单属于免费配送。这说明生鲜免费配送也是吸引消费者购买的一大原因。

同时，进一步调研消费者对配送费可接受的最大限度，结果发现可接受的最大限度是，10 元及以下的消费者占 73%，11~20 元的占 21%，21~40元的占 4%，41 元及以上的仅占 2%（见图 6-11）。这说明大部分消费者最大限度可接受 10 元以下配送费，如果根据冷链配送成本核算，单纯将单价和配送分开计算，大部分消费者是不愿意接受网购的。

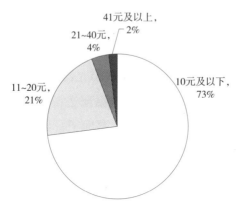

图 6-11　网购生鲜配送价格意向比例

2. 网购生鲜消费者的配送模式选择

根据调研结果，消费者选择自建专业冷链物流（如顺丰、京东等）网站的占 38%，选择专业冷链第三方配送的占 15%，对配送方式选择无所谓，只要不影响质量的占 47%（见图 6-12）。对消费者倾向于自营物流配送进一步调研可知，大部分自营物流配送如顺丰、京东都是免费配送，这可能是影响消费者选择的主要原因，另外，部分消费者认为销售和配送一体化，出现问题时不容易"扯皮"，售后服务好解决。接近一半的消费者认为购买的是产品，

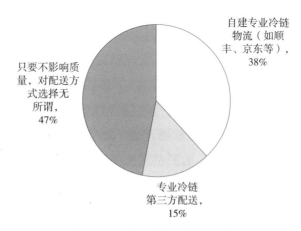

图 6-12　网购生鲜配送模式选择

主要结果看的是质量，只要质量没问题，对配送方式无所谓，这也为第三方配送的发展提供了动力。

3. 配送中影响复购的主要因素分析

配送是生鲜农产品电商与消费者接触的最后一环，除去质量影响，配送的某些细节有可能影响消费者是否再次下单。根据调研，消费者最终关注的是产品质量，那么影响产品质量的配送环节是冷链配送。根据调研，影响消费者再次下单的因素中，首先是是否低温配送，占 40.4%；其次是配送时间，占 38.3%。这两个是影响复购的主要因子。经过进一步调研，部分消费者认为有的产品如肉类、水产等必须要低温配送，而生鲜农产品电商却按照常温进行配送，从而使消费者对产品产生不信任，严重影响其再次购买。配送中影响复购的因子比例如图 6-13 所示。

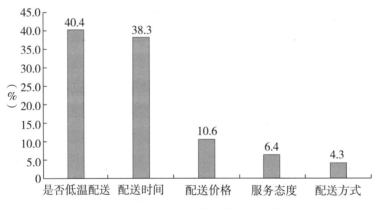

图 6-13　配送中影响复购的因子比例

4. 消费者对配送方式、时间的选择

自提业务因其具有节省人工、安全性强等特点，已经成为国内一流电商企业缓解配送瓶颈的新方法。但根据调研，对生鲜农产品来说，87.23% 的消费者选择直配到家，10.64% 的消费者选择社区自提，2.13% 的消费者选择网点自提。因为生鲜的易腐性需要保证其处于冷链环境，所以消费者认为直配到家是最好的选择。网购生鲜消费者希望的配送方式占比如图 6-14 所示。

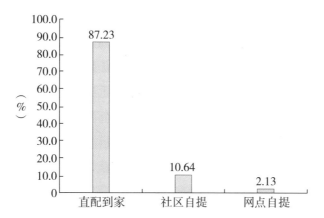

图 6-14 网购生鲜消费者希望的配送方式占比

在配送时间上，大约 60% 的消费者选择在 18：00—21：00 配送。因为大部分人是上班族，所以下班时间是最好的选择。同时，在配送时，74% 的消费者希望能够提前预约。网购生鲜消费者对配送时间选择的占比如图 6-15 所示，网购生鲜配送是否需要提前预约的占比如图 6-16 所示。

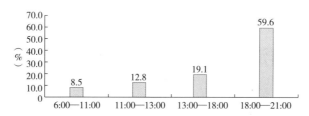

图 6-15 网购生鲜消费者对配送时间选择的占比

图 6-16 网购生鲜配送是否需要提前预约的占比

5. 消费者对送货时间的接受度分析

由于生鲜农产品品类的特殊性，生鲜农产品电商行业的火热也不断促进生鲜配送的进步，目前生鲜农产品电商的平均当日到达率约为 52.5%，两天内到达率超 66.7%。经过调研，46.8 的消费者可接受当天订货次日送到，19.2 的消费者只接受当天订当天到，可接受订货两天送到的消费者占 25.5%，另外有 6.4% 的消费者认为只要不影响质量，配送时间无所谓。这说明目前大部分生鲜农产品电商在配送时间上完全可以满足消费者的要求。消费者对网购生鲜可接受的配送时间如图 6-17 所示。

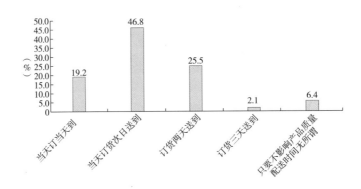

图 6-17　消费者对网购生鲜可接受的配送时间

6.2　网购生鲜消费者调研结论

6.2.1　线上生鲜购买增长势头迅猛，但线下生鲜零售仍为主流

到 2020 年，我国的生鲜消费市场仍以线下为主。生鲜品类在线上的起步较晚但增长势头迅猛。从 2012 年到 2016 年，生鲜农产品电商市场规模已经从 40 亿元猛增至 950 亿元。从对消费者是否在线上购买过生鲜的调查中发现，41% 的消费者在线上购过生鲜，59% 的消费者没有在线上购买过生鲜，只是有网购经历的群体购买过生鲜的比例比较大。但从有购买经历的消费者的购买频率来看，大多数的消费者并没有养成定期通过电商购买生鲜的习惯。每周通过电商购买生鲜一次或者更多次的消费者占比仅为 26%，而每月购买 2~3 次的消费者占比高达 55%，甚至有 19% 的消费者一年才购买 2~3 次（其中节日送礼占 90%）。所以，在数量上，通过电商渠道销售生鲜农产品的比例非常低，不到全部生鲜销售的 3%。同时，在订单消费额上，订单平均价格大

多在 100 元以下，订单量和订单价格占个人消费总额不到 1%。对于生鲜农产品电商来说，如何扩大生鲜农产品电商的普及率及复购率，引导消费者养成固定购买的习惯，并通过规模效应降低生鲜的销售成本将是未来发展的重点。

6.2.2 性别和年龄已经不是生鲜购买的障碍，年轻人并不是购买主体

在整个调研中，网上购买生鲜的男性占男性总数的 40%，女性占 47%，比例上没有显著差别，只是在品类上，女性用户偏好水果、蔬菜和奶制品，男性则更喜欢海鲜、牛羊肉、鱼虾等"硬菜"产品。年龄上，经常光顾生鲜农产品电商的消费者平均年龄为 36 岁，分布相对均衡，这说明生鲜网购已经不仅仅属于年轻人，而 20~50 岁人群都属于购买主力，只要有经济条件，年龄已经不是购买观念上的障碍。当然，年轻群体接受新鲜事物的速度快，追求高品质的生活，且受到工作、生活节奏的驱使，像生鲜农产品电商这样主打"方便、快捷"的线上购买方式就更容易受到年轻人的追捧；35~45 岁网购生鲜的人群占 34%，处于最高比率。

6.2.3 高学历、高收入的"无闲"群体才是购买的主体

根据调研，有购买经历的人员中，不同学历群体间购买比例不同。硕士研究生及以上学历的群体中网购生鲜的比例超过 50%，初中及以下人群中购买比例为零。这说明学历和网购生鲜的比例正相关，学历越高，网购生鲜的比例越大。同时根据收入人群占比调研，网购生鲜比例与收入不成正比，差距不是很明显，当月收入达到 3000 元以上，收入就不会成为影响网购生鲜的主要因素，省事省时才会成为主因。

6.2.4 品类分析，水果成为网购生鲜的主流产品

根据调研，水果、蔬菜和肉类、奶制品是消费者在生鲜农产品电商上购买最多的品类。另外，由于生鲜农产品电商不受地域空间的限制，消费者可以购买到非本地的生鲜品，同时进口水果、肉类等生鲜高端产品也是消费者较为青睐的线上购买品类。通过对这些消费者进行进一步调研发现，在各种生鲜品类里，进口水果最受生鲜农产品电商消费者的青睐，40.3% 的消费者

优先考虑购买进口水果，而从生鲜农产品电商的运营来看，天猫、京东等一部分电商确实都将水果（尤其是进口水果）作为第一项分类置于生鲜页面首页，或将部分进口水果和海鲜作为推荐商品置顶。除此之外，水果也是做单品类生鲜农产品电商创业者的首选，比如天天果园、许鲜等。

6.2.5 节日送礼成为网购生鲜新潮流，异地购成为特色

近几年，随着生活水平的不断提高，人们健康意识的不断增强，"送礼送健康"成为大多数人的首选。在生鲜品类调研中，部分人员表示对高端的生鲜礼品比较青睐，高端生鲜礼品成为网上节日购的一大亮点。超 50% 的用户曾为亲朋好友网购生鲜，作为节日礼品，认为既高端大气，又有专门的快递人员送货上门，避免提货的辛苦。另据京东大数据分析，在 2017 年春节期间，水果类产品网购是平时的 9 倍，海鲜产品是平时的 8 倍，肉类是平时的 5.5 倍，"阿根廷红虾""澳洲牛排"等高端进口产品成为节日"网红"。大城市的异地购也成为主要特色，仅北京地区异地购订单占比接近 30%，订单横跨区域最广；上海的异地购主要发往江浙地区；深圳的异地购除广东省内以外，两湖四川的较多；广州的异地购高度集中在本省。

6.2.6 省时、便捷性和品类丰富是驱动消费者选择生鲜农产品电商的三个主要因素

低价格已经不是购买主因，省时、便捷性和品类丰富是驱动消费者选择生鲜农产品电商的三个主要因素。根据首位因子与平均排名，吸引消费者网购生鲜因素的排名是"网购能够节省购物时间""能够更快使我完成购物或寻找到信息""网购生鲜品类丰富，可选择机会多""网上购物能让我买到物美价廉的商品"，分别占 36.2%、23.4%、19.2%、19.2%。这说明随着人们生活富足和工作节奏的加快，对于多数作为生活必需品的生鲜品类而言，价格已经不是电商最主要的优势，而省去了超市采购时间成为多数网购用户选择线上购买生鲜农产品的原因。节省时间、便捷性和品类丰富是驱动消费者选择生鲜农产品电商的三个主要因素。生鲜农产品电商由于成本相对较低，还可以送货上门，这使其相对于传统生鲜市场来说在价格和便捷性上更具优势。

另外，由于线上平台不受地域空间的限制，消费者足不出户便可以购买到异地的生鲜农产品，电商可以"卖全球"，消费者可以"买全球"，这在一定程度上提高了生鲜品种类的数量。

同时，根据追踪调研，价格低廉只是吸引消费者进行生鲜农产品电商首次购买的关键因素，而消费者持续购买的关键因素是生鲜农产品的品质和配送质量。

6.2.7　消费者对网购生鲜价格的承受度越来越理性

从调研结果看，11% 的消费者对网购生鲜很满意，85% 的消费者基本满意，只有 4% 不满意。这说明网购生鲜在质量、价格、物流方面的服务基本符合消费者对网购生鲜的需求。大部分消费者能够理性对待价格问题，对等于或高于传统方式购买的价格已完全可以接受。进一步调研发现，消费者认为从自身需求考虑，网购为他们节省了时间，增加了送货上门的服务，多花点钱是值得的。

生鲜农产品电商市场中垂直类平台面临的主要问题是生鲜农产品类型的特殊性，其对于仓储和物流都需要较高的成本，这与其一直仰仗的价格优势发生冲突，这也是曾经一度火热的"美味七七"倒闭的原因之一。而综合类平台诸如天猫、京东、顺丰优选，其本身就拥有完善的物流体系，在竞争中拥有先天优势。未来生鲜农产品电商，尤其是垂直类平台想要在竞争中占据一席之地，一味地烧钱并非长久之策。而且在去 App 趋势的影响下，垂直类平台电商也难以取得机会，或许积极向巨头靠拢是未来能够生存下去的一个不错选择。

6.2.8　质量是生鲜网购消费者永恒的追求

生鲜农产品属于易腐产品，保存周期比较短，库存费用就相对要高，在进货途中损耗也比较大，产品质量很难控制。根据调研结果，不管有无网络购买生鲜经历，对质量的顾虑占 70% 左右（无购买经历的选择"生鲜质量无法保障"作为顾虑首位因子的占 70.2%）说明消费者在网购生鲜时主要顾虑的还是生鲜农产品质量。可见对生鲜农产品电商产品品质的顾虑是制约市场发展的重要原因之一，这也是众多平台在仓储和物流过程中需要努力攻克的问题。

6.2.9 消费触点多元化与碎片化

在消费研究中，"触点埋伏"的观点是很多学者的关注点，即研究目标客户群的生活轨迹，并在其与外界接触的触点处，以一定强度的信息输出来塑造消费者对品牌的认知和定位。触点营销与大规模无节制的投放相比，其精准投放方式对于占领目标消费者心理定位的能力更强大。因此，在生鲜农产品电商消费触点上，除了了解生鲜消费的购买人群和其偏好，掌握消费者触点也是很必要的。从年龄和收入上看，年轻和较富裕的消费者的信息触点更多。信息触点越多的消费者渠道，其满意度也往往越高。

总之，新消费升级下，典型用户群体伴随着新消费族群的成长而成长，生鲜消费的用户群体逐步从"菜场大妈"转向"精明主妇""网购达人"和"数字中产"。随着这种新群体的崛起、新消费的变化、新渠道的融合，中国新兴的数字消费者呈现与上一代截然不同的消费特征和消费偏好。80后、90后成为中国新的消费主力军，中国生鲜消费将呈现渠道数字化、消费体验化和购物品质化三大趋势，这也将进一步推动农产品销售、农产品流通、农产品加工和农产品生产的互联网化，乃至驱动农业和互联网的全面融合。从消费者的角度看，生鲜农产品电商的"消费场景"大多与消费者的"食材消费及美食消费"，与消费者所处环境、身体状态等相关。因此，在促销时，可以根据消费者触点机关，设置不同的触点日，把"生鲜美食"的消费场景划分为不同的触点。线上消费时，物流作为重要的末端触点。需要给消费者带去的是营养健康的产品，可以设置物流与消费场景的"触点"，积极引导消费者进行生鲜农产品电商消费并引导其与生鲜农产品电商、物流进行高效互动。

7 生鲜农产品电商物流存在的问题

物流是生鲜农产品电商平台的软肋。既要保持生鲜农产品的新鲜，又要保证其到达消费者手上的速度，这就对生鲜农产品电商的仓储、物流、配送有了更高的要求。因而，生鲜农产品电商平台最常用的物流方式就是冷链物流，冷链物流不仅能够满足消费者对新鲜食品的需求，还能够使食物在运输途中尽量减少损失和浪费。与一般常温物流相比，冷链物流在运输时效上要求更高、在建设投资上也更大，因此收费也就更高，所以冷链物流逐渐成为生鲜农产品电商平台"生与死之间"的最大挑战。对生鲜农产品电商来说，订单再多，用户量再大，如果不解决冷链物流和"最后一公里"的配送问题，规模越大风险也就越高。

7.1 生鲜农产品电商物流面临的痛点——基于企业角度

7.1.1 规模小，物流成本居高不下

一是大部分电商规模小，盈利性不强。根据阿里研究中心的估算，经营农产品的网店数量在 2012 年时有 26.06 万家，到 2015 年达到 90 万家，数量上呈倍数增长。全国 88% 的生鲜农产品电商企业处于亏损状态，7% 的企业则是在巨额亏损之中，而实现盈利的仅占 1%，且每年都有部分生鲜农产品电商倒闭转型，生鲜农产品电商行业在发展过程中暴露出许多亟待解决的问题。

二是电商供应链前端集采规模低。传统的生鲜农产品"多层渠道分销"模式与电商"网上直销"模式相比，虽然在信息流（订单获取）、资金流（支付结算）方面处于劣势，但在"物流通路"方面却更具有某种天然的优势。在传统模式下，生鲜农产品是先于消费者的购买行为，以一定批量的"仓到

仓"形式，从企业到分销商再到零售商，实现实物在空间地域上的逐级转移，形成"化零为整、批量走货、仓到仓、以空间换时间"的模式。而在电商模式下，消费者下单后，生鲜农产品却通常是以"单件"的形式，借助"冷链配送快递"从企业（卖家）经过多个环节的"集散分拨"才最终到达消费者（买家）手中，而实物在空间地域上的转移滞后于消费者的购买行为，形成"化整为零、单件走货、仓到个人、以时间换空间"的模式。两种生鲜农产品"物流通路"模式相比较，基于"单票货量的大小对于承运业务实际操作成本与效率的决定性影响"考虑，前者在降低平均承运成本、控制服务质量方面均会大大地优于后者。此外，除长距离单件包裹远程冷链快递固有的"成本高、时效慢"问题外，在快递过程中因野蛮分拣导致的生鲜农产品损坏、变质等问题也是防不胜防。当冷链快递纠纷发生后，如果要向前追溯责任，必须从经过的十多个分属不同公司、不同地域、不同利益主体的收发分拣作业环节中找出责任者，其成本与代价往往是冷链快递公司难以承受的。

7.1.2　利润低，风险大

一是高成本、高损耗，这是生鲜农产品电商的最大挑战。生鲜农产品的易腐性决定其物流必须是全程冷链，生鲜农产品的易腐性、多样性决定了冷链技术的复杂性和风险性，这必将带来很高的物流费用。2015 年的统计数据显示服装等产品的物流配送成本仅占其整个流通环节的 5%，而生鲜农产品却占到了 25%～40%，且损耗率在 10%～30%（尤其是海鲜、肉类、果蔬类，在运输仓储过程中受温度、湿度影响极大，这增加了成本）。

二是低附加值，这是生鲜农产品电商致命的内伤。纵观存活下来的生鲜农产品电商，其产品大多是来自挪威的三文鱼、阿根廷的红虾等"贵族"食材，高溢价的进口食材在其产品中占了较大比例。根据数据测算，如果单纯购买未加工的初级生鲜果蔬，每单很难高于 200 元，这种订单的生鲜农产品电商经营将处于负盈利状态。

7.1.3　产品、物流的非标性制约生鲜农产品电商发展

目前，非标性主要是指产品分类标准和产品质量标准很少。供给侧产品

不易用标准去衡量，国内的小农经济导致农业的规模效应弱，实现标准化也较难。需求侧由于缺乏相应标准，中间经营者难以界定生鲜质量，消费者难以通过界定生鲜质量而下单，造成经营者和消费者都难以界定生鲜质量的两难问题。

一是农产品分类与分级标准化程度不够。由于农产品种类繁多，产销链很长，质量标准化感官上很难界定。电商是看不见实物的买卖，非标性导致的信任缺失就会失去大部分客户群。

二是物流服务的非标准性，冷链技术落后，使流通中生鲜农产品质量保证难，尤其是保证"生鲜"难。以果蔬生鲜为例，不同品种的果蔬在生长和采收过程中，由于受多种因素的影响，其物流仓储配送所需的条件自然不同，这些都不是普通仓配员能做到的。不同品种果蔬其仓储、运输等的服务标准都有所不同，物流服务标准的缺失引发消费者对品质的不满，众口难调的问题造成大量的退换货及消费者的流失。

7.1.4 信息化技术推进缓慢

一方面，缺乏统一的信息平台。在社会化生鲜农产品物流链上，从产前到产后的仓储、运输、加工、销售等环节都涉及大量的信息传递，但目前信息化程度却非常低，不但信息基础设施落后，而且缺乏统一的信息标准和信息平台。在物流信息化技术方面，我国农产品物流主体分散、规模小、技术基础薄弱，新兴物流信息技术应用困难，如 RFID、EDI、GIS 等技术在工业物流领域已经得到广泛运用，在农产品物流领域都未能得到大力推广。

另一方面，信息化建设缺乏长远的智能化的构思，没有统筹规划和顶层设计，其建设方案缺乏严格的科学论证，这就造成各自为政、条块分割突出、建设成本高、低水平重复建设等问题。生鲜农产品电商物流企业中资金雄厚的并不多，大多是规模较小的托运企业，这些小物流企业资源分散，难以形成较强的竞争力。

7.1.5 信息孤岛造成统一协调性差

我国生鲜农产品出现的"蒜你狠""豆你玩""姜你军""辣翻天""玉米

疯"等现象，从市场的高价到菜农因蔬菜价太低而弃地不收，这些现象说明我国生鲜农产品市场供求关系有很大问题。生鲜农产品物流必须是专业地对一个完整的物流过程进行有效规划与控制，才能发挥作用，让产品有序流通。目前，仅有国内大型生鲜农产品电商物流企业、物流配送中心搭建起了各自的信息平台，但国内缺乏统一的生鲜农产品物流信息平台来进行信息共享和传递，农户及中小农业企业存在信息获取与共享困难。同时，供应链中的各企业间缺乏信息协同而造成物流效率低下，缺乏供应链上、下游之间的整体规划与协调。此外，国内生鲜农产品产供销一体化的水平也不高。

7.1.6 信息不畅，质量安全监管难度大

生鲜农产品市场监测、预测、预警体系和信息发布机制都还不健全，这严重影响生鲜农产品的数量安全和质量安全。生产上，由于生产者的诚信体系尚未建立，除无公害农产品、绿色农产品、有机农产品有标识和溯源以外，其余的生鲜农产品很难进行质量追溯。物流方面，缺少监督机制，企业的社会责任缺失。一些不负责任的供应商和物流企业食品安全意识薄弱，为了降低物流成本违规操作，造成人为冷链断裂的现象比比皆是。即便采用了冷链方式运输生鲜农产品，设备能够保障生鲜农产品所需的温度，但是由于监管不力，以及物流企业为了降低成本而中途关闭冷机等行为，造成冷链物流的中间环节断链，使生鲜农产品的品质和安全很难得到保障。冷库设备陈旧，装卸货月台"裸露"，终端零售企业收货流程混乱，货物在常温下交接的现象时有发生。

7.1.7 部分标准缺失，信息采集与共享难

由于我国农业生产依然以一家一户分散种植模式为主，除少部分有标准外，大部分生鲜农产品生产技术没有标准，很难稳定地生产出安全、优质的产品，一方面，没有标准、没有分级，很难保证优质优价，市场上甚至出现"劣胜优汰"的逆向选择；另一方面，生鲜农产品的非标性很难将生产和物流企业中的各个要素和环节有机地组织起来，也很难实现各个活动和过程的规范化、程序化、专业化和规模化。

7.2 生鲜农产品电商物流末端物流配送存在的问题——基于消费者角度

生鲜农产品对冷链的要求很高，离开冷链就不能保证到达消费者手中产品的品质，而对于生鲜农产品电商的物流，要么自建要么与第三方合作，不论哪一种都需要大量的投入，这对于一般的创业公司或不具备行业大量资源、资金的公司来说，要"玩转生鲜这盘棋"是不容易的。根据对生鲜农产品电商现状及消费者的现状调研分析，物流配送成本高是生鲜农产品电商企业发展的主要障碍，也是消费者考虑的重要因子。定位高端、自建冷链、损耗率高是物流成本高的主要原因。

国内第三方 B2C 冷链设施、服务不尽如人意，无法匹配生鲜农产品电商"高端产品＋高端服务"的经营理念，所以早期生鲜农产品电商以自营物流为主，巨头企业还会尝试可控的自营模式，而现在的新进入行业的中小企业多采用第三方、众包等物流模式。根据公开信息可知，2014 年生鲜农产品电商配送费用高达每单 40～50 元，而生鲜客单价普遍位于 100～200 元，成本占比过高。因此，在高物流配送费用、高冷链损耗率等刚性压力下，生鲜农产品电商普遍定位于高毛利的有机种植、进口果蔬，以覆盖其高昂的成本。本书以供应链末端消费者配送为重点进行分析。

从供应链末端消费者角度看，大部分消费者没有足够的实力或意愿来支付高昂的物流成本。

7.2.1 网购生鲜的购买频率和市场占有率低，很难摊销物流成本

网购生鲜的购买量低，市场占有率不足 3%，很难摊销物流成本。所以，通过电商渠道销售生鲜农产品的占比非常低，不到全部生鲜销售的 3%，消费者的消费习惯难以在短时间内改变。生鲜农产品不同于其他品类，其易腐性易损性使大部分消费者缺乏购买信心和安全感。消费群体小，产品消费规模受限，电商流量就越小，物流成本与风险也就越大。中高端市场容量偏小、物流成本过高，生鲜农产品电商模式亟待转型升级。由于定位中高端市场，

生鲜农产品电商的真实市场容量偏小，不足以形成足够的订单量和订单密度。同时，高额的配送费用吞噬了企业正常的经营利润，生鲜农产品电商商业模式难以为继，转型升级为大势所趋。

7.2.2 消费者每单低单价不足以支撑物流成本

纵观存活下来的生鲜农产品电商，在购物页面的显著位置，几乎都是来自挪威的三文鱼、阿根廷的红虾、美国阿拉斯加的帝王蟹等这些"贵族"食材，高溢价的进口食材占了这些企业产品的较大比例。调研发现，目前订单50元及以下占10.6%，51~100元占55.3%，101~200元占29.8%，201元及以上占4.3%。根据顺丰的数据可知，在北京市六环内平均每单冷链配送的成本在40元以上，客单价必须超过100元才可能不亏。而生鲜果蔬等大众食材，由于附加值低，导致利润不足以覆盖成本，如果单纯购买生鲜果蔬，每单很难高于200元，照此推测，至少有60%的订单是不盈利订单，这些订单的物流往往处于烧钱的状态。

7.2.3 消费者愿意支付的配送费用远远不够冷链配送成本

生鲜农产品的易腐性决定其物流必须是全程冷链，包括仓储、运输、配送等核心环节，冷链设施、冷链技术、冷链管理等带来高昂的物流费用。生鲜农产品的易腐性、多样性决定冷链技术的复杂性和风险性。根据物流行业测算，如果一单生鲜农产品电商交易单价为100元，那么其中25~40元是物流成本。但根据调研，发现消费者对配送费可接受的最大限度在10元及以下的消费者占73%，在11~20元的占21%，在21~40元的占4%。这说明大部分消费者可接受配送费为10元及以下，和电商预测的100元订单中25~40元是物流成本相去甚远，这也是大部分电商烧钱配送倒闭的根本原因之一。根据网络数据调研，生鲜农产品电商企业失败主要还是因为订单少，单价低，难以支撑高昂的物流费用。

7.2.4 消费者对网购生鲜农产品质量满意度不高

从消费者网购生鲜的顾虑因子可以看出，排名第1位的是"生鲜质量无法保障（易腐和易损）"占 75%，排名第 2 位的是"看不到实物"占 21.67%。两者共占 96.67%，所以质量是他们关注的重点。而从满意度的进一步分析可知，基本满意和不满意的消费者，首选质量不满意的占 56%，大部分消费者认为自己上当受骗，严重影响他们下次购买。主要问题如下：质量不稳定，在配送中有的产品外观、品质有损坏，不新鲜，甚至腐烂；产品没有质量证书，比如进口的产品没有标识，没有可信度；没有检测报告，也没有等级证明，无法证明产品是否为优质优价；没有产品来源证明，不能溯源，无法确认是不是消费者需要的产地产品。

7.2.5　网购生鲜农产品冷链物流配送满意度较低，严重影响消费者复购率

前期调研中发现，消费者首选物流不满意的占 46%。一是配送时间太长，有的三天以后才到达；二是接收没有提前预约，无法保证消费者在有冷链保证的前提下实时收到产品；三是配送流程不规范，比如对肉类和水产类产品在常温链下配送，没有执行冷链标准；这些因素导致消费者对产品质量严重不信任。在不满意人群中，对产品质量和物流配送都不满意的占了 90%，说明质量和物流是不满意的主要原因。不满意导致部分消费者购买一次后就再也没有兴趣，这是影响复购率最直接的原因。复购率指消费者对该品牌产品或者服务的重复购买次数，重复购买率越高，则反映出消费者对品牌的忠诚度就越高，反之则越低，复购率直接影响电商企业的盈利状况。早期的生鲜农产品电商为了快速抢占市场，大多是通过烧钱拼低价的方式来引导消费者，认为只要覆盖到更多人群，就能够抢占到更多市场份额。然而，这样急速跃进的方式，势必会产生诸多问题，消费者体验感差，消费者购买了第一次基本不会再购买第二次，长此以往，越往下走，消费者越少。因此，电商生鲜应将重心放在二次深耕上，即提升消费者复购率、增强消费者黏性，只有牢牢地把握住消费者，才能让企业走得更远。

8 大数据在生鲜农产品供应链及物流领域中的应用

随着信息技术的发展，物联网、云计算和无线互联网不断改变我们的生活。大数据技术的出现，对传统的生产生活起到重大的重塑作用，大数据在成为信息平台关键要素的同时，渗透社会各行各业，影响着人民生活的方方面面，数据已经成为一种"洪流"冲击着全球经济的各个领域。对于这场"革命"，由海量数据带来的定量化分析方法，将横扫学界、商界和政界，各个领域都将被触及。数据作为新型生产要素，是数字化、网络化、智能化的基础，已快速融入生产、分配、流通、消费和社会服务管理等各环节，深刻改变着生产方式、生活方式和社会治理方式。

8.1 大数据的概念

最早对"大数据"（Big Data）这个关键词进行剖析的，是 2010 年 2 月出版的《经济学家》中的"The data deluge"一文，虽然文章中没有出现"Big data"一词，但从内容来说和大数据没有太大出入。文章问世以来，大数据作为热门词语，出现频率急剧上升。2011 年，麦肯锡公司在题为 *Big data: The next frontier for innovation, competition, and productivity*（《大数据：创新、竞争和生产力的下一个前沿》）的研究报告中指出，我们已经进入海量数据爆炸时代，第一次引入大数据概念。

维基百科对于"数据"一词的定义是：数据，或称资料，指描述事物的符号记录，可定义为有意义的实体，它涉及事物的存在形式。它是关于事件的一组离散且客观的事实描述，是构成信息和知识的原始材料。在进入信息时代之后，人们趋向把所有存储在计算机上的信息，无论是数字还是音乐、视频、图片、文字等，都统称为数据。正因为数据承载着信息，所以在应用过程当中，这些数据就不再仅仅是对客观现象的记录或是繁杂无序的单纯数值，而是一定背景下带着特殊意义的信息。

什么是大数据？大数据这个概念突出的特点是数据库的"大"，这些大数据已经完全超出了传统数据库及计算机常用硬件的处理能力。正如麦肯锡全球研究所定义，大数据是指海量资料，指的是所涉及的资料量规模巨大到无法通过目前主流软件工具，在合理时间内达到撷取、管理、处理，并整理成为能够帮助企业实现更积极经营决策目标的资讯，即无法用现有的软件工具提取、存储、搜索、共享、分析和处理的、海量的、复杂的数据集合。大数据的定义是相对于当前可以利用的技术和资源而言的。

在 IT 业界，有人把大数据产业定义为建立在对互联网、物联网等渠道广泛大量数据资源收集基础上的数据存储、价值提炼、智能处理和分发的信息服务业；或者如 IT 巨头概括的那样，致力于让所有用户能够从任何数据中获得可转换为业务执行依据的"洞察力"，包括之前隐藏在非结构化数据中的"洞察力"。总之，大数据是对大量、动态、连续的数据，运用新系统、新工具、新模型进行挖掘，分析数据之间的相互关联，寻找事物产生、发展、运动、变化的内在规律，从而获得具有"洞察力"和新价值的东西。

究竟多大规模的数据才算是大数据？如何进行数据度量？

作为特指的大数据，按照 EMC[①] 的定义，其中的"大"指大型数据集合，一般在 10 TB（计算机计量单位，1TB = 1024GB）左右的规模，多个用户将数据整合，形成 PB（计算机计量单位，1PB = 1024TB）级。TB 级和 PB 级数据量究竟有多大？淘宝网单日产生数据量超过 50 TB，存储数据量超过 40 PB；中国联通用户上网记录每月 1 万亿条，对应数据量约 300 TB。另外，据互联网上发布的信息表明，1 天之中，全球互联网产生的全部内容大约为 800 EB（计算机计量单位，1EB = 1024PB），能够刻满 1.68 亿张 DVD；全球发

---

　　① EMC 公司是全球信息存储及管理产品、服务和解决方案方面的领先公司。EMC 是每一种主要计算平台的信息存储标准，世界上最重要信息中的 2/3 以上都是通过 EMC 的解决方案管理的。

出的电子邮件约有 2940 亿封；全球互联网发出的社区帖子约达 200 万条，相当于《时代》杂志 770 年的文字量。互联网数据中心（IDC）的研究结果表明，2011 年的全球产生的数据量高达 1.82 ZB（计算机计量单位，1ZB=1024EB），相当于每人每年产生 200 GB 以上的数据。国际商业机器公司（IBM）研究表明，随着时间的推移和科技的发展，以及物联网、移动互联网和社会性网络服务（SNS）的发展，每年产生的数据量都以几何级数增长。据 IDC 预测，至 2020 年全球以电子形式存储的数据量将达 32ZB，以 120 万 PB（约 1.2ZB）数据为例，如果将这些数据刻录在 DVD 上，再将这些盘片堆叠起来，可从地球到月球垒一个来回。

20 多年来，各个领域特别是信息领域的数据量加速增长，这是大数据概念产生的基础。有专家测算，2000 年全球新产生的数据量为 1000 PB 到 2000 PB，到 2010 年仅全球企业一年新存储的数据量就超过了 7000 PB。随着大数据的发展，麦肯锡研究认为，数据已经渗透到每一个行业的业务职能领域，逐渐成为重要的生产因素；而人们对于海量数据的运用将预示着新一波生产率增长浪潮的到来，大数据在政府公共服务、民生医疗服务、维护社会安定、动态安全监管等领域的广泛应用，将产生巨大的社会价值和产业空间。有机构预测，大数据应用将使美国零售业净利润增长达到 60%，可使制造业的产品开发和组装成本降低 50%，这种影响和变化是革命性的，这说明大数据蕴含着大价值。

8.2　大数据属性与特征

我们可以用一幅生动的图像来描述大数据的价值。画中河边的淤泥堆积如山，淘金者们用淘盘将淤泥洗涤，以便找出淤泥里的天然金沙。这寓意着通过大数据技术的帮助，可以在淤泥堆中找到需要的金沙，揭示了大数据技术很重要的特点，即价值的稀疏性和挖掘的复杂性。大数据是有价值的，但是这个价值本身如同淤泥中的那粒微小的金沙一样，有，但相当稀缺。挖掘和利用有价值的大数据，犹如"大海捞针""沙里淘金"，所以通常用 4 个 V，即 Volume（大量的）、Variety（多样的）、Value（价值）、Velocity（高速）来概括大数据的特征。

1. 容量巨大（Volume）

大数据的"大"主要是指大型数据集，一般在10 TB左右，许多用户也将多个数据集放到一起，形成PB级的数据量。典型个人计算机硬盘的容量为TB量级，而一些大企业的数据量已经接近EB量级，随着技术进步，这个数值会不断变化。人们对数据量要求已经从TB级别，升到PB级别。

2. 数据类型多样性（Variety）

除传统的销售、库存等数据，现在企业所采集和分析的数据还包括网站日志数据、呼叫中心记录等。由于数据类型的多样性，数据被分为结构化数据、半结构化数据和非结构化数据，这种分类是根据存储形式对数据进行分类，有助于企业细分行业案例，帮助合作伙伴更好地实施方案。

结构化数据，简单来说就是数据库，可以简单理解为表格中的数据，每一条的结构都相同。比如，每月领到的工资条、农产品产量统计数据、仓储库存、配送量、ERP系统（企业资源计划系统）、财务系统、HIS（医疗信息系统）数据库等其他核心数据库。利用计算机处理结构化数据的技术比较成熟，如利用Excel很容易进行加、减、乘、除、汇总及统计之类的运算。这些应用需要哪些存储方案呢？基本包括高速存储应用需求、数据备份需求、数据共享需求，这时一些商业软件就会派上用场，它们专门用于存储和处理这些结构化数据。半结构化数据，包括邮件、HTML、报表、资源库等，典型场景如邮件系统、Web集群、教学资源库、数据挖掘系统、档案系统等。

非结构化数据，包括视频、音频、图像、文档、文本等形式。这类数据有个共同的特点，即大小、内容、格式、用途可能完全不一样。以典型的PPT文档为例，可以是简单的几行字，也可以混合图片、音乐、视频等内容，成为一份多媒体文件。具体到典型案例中，比如，物流车辆视频系统、视频监控、车辆GPS（全球定位系统）、物流方案设计、文件服务器（PDM/FTP）、媒体资源管理等具体应用，这些应用对于存储的需求包括数据存储、数据备份，以及数据共享等。相对于以往以便于存储的文本为主的结构化数据，非结构化数据越来越多，据报道，企业的非结构化数据占企业总数据量的80%~95%，这些非结构化数据包括网络日志、音频、视频、图片、地理位置信息等。这些多样性的数据类型对数据的分析和处理能力提出了更高的要求。

3. 数据价值密度低（Value）

价值密度的高低与数据总量的大小成反比。以监控视频为例，1 小时视频，在连续不断的监控中，有用数据可能仅有 1~2 秒，甚至没有，这就产生了大量的无用数据。大数据流中的很多内容对于某些特定的目标来说是没有用处的，驾驭大数据就是从数据流中找出我们需要的稀缺有价值的资源。比如，物流中心常用的无线射频标签（RFID 标签），很多工业类产品都有 RFID 标签，为每件产品打上 RFID 标签最终会成为一种趋势。但在目前，特别是附加值低的农产品，这么做的代价过于昂贵。RFID 标签使货物的当前位置、装载和卸载的时间、存放的地点都很容易被追踪到。想象一下一个有着数以万计快件的快递公司，每件快件上都有 RFID 标签，RFID 识别器每隔 10 秒反馈快件的位置及状态，这将形成海量数据。一旦快件离开仓库，之前库存数据的价值都很低，真正有用的是货物存入和离开的数据记录。如果货物存储 3 个月，那么这期间每隔 10 秒的位置定位反馈数据就没有长期保存的价值，但又必须收集这些数据，时刻掌握货物流向与状态。如何通过强大的机器算法迅速地完成数据价值的"精炼"，成为目前大数据背景下急需解决的问题。

4. 速度快（Velocity）

一是指数据产生和更新的频率快。数据更新的频率越低，其活性越小，反之，数据更新的频率越高，其活性越高。活性越高的数据集，其信息量更加丰富。二是指数据分析处理快，主要是指能够快速在海量数据中获取有用的信息。根据"1 秒定律"或者秒级定律，即对处理速度有要求，一般要在秒级时间范围内给出分析结果，时间太长就失去价值了。这个速度要求是大数据处理技术和传统数据挖掘技术最大的区别。在高速网络时代，通过优化了软件性能的高速电脑处理器和服务器创建实时数据流，已经成为趋势。

在如此海量的数据面前，数据处理的效率就是企业的生命。以谷歌（Google）为例，它的搜索引擎是互联网上影响广泛的搜索引擎。谷歌每天通过不同的服务器，处理来自世界各地超过 2 亿次的查询。除搜索网页外，谷歌亦提供搜索图像、新闻组、新闻网页、视频的服务。2005 年 6 月，谷歌已经存储超过 80 亿个网页、1.3 亿张图片，以及超过 1 亿个新闻组信息，总计大概 10.4 亿个项目。同时，它还缓存了编入索引中的绝大多数网页内容。

8.3　大数据的大价值

如何应用大数据是研究大数据的核心，也就是说大数据是什么不重要，要怎么用才能实现大价值才是重要的。大价值体现在用数据说话，用大数据分析过去，预测未来。一方面，利用大数据分析过去。随着人类的进步和发展，越来越多的事物不断地数据化，人们可以从海量的数据中，通过数据分析，发现隐藏的自然规律、社会规律和经济规律。当网页变成数据后，谷歌则具备了令人羡慕的全文搜索能力；当运输中的 GPS 信息转为数据后，可以大大提高物流的运输能力；当 RFID 信息转为数据后，每件产品追溯和食品安全更为可控，因此，大数据大大开拓了人们的视野。另一方面，大数据可以预测未来。大数据可以把握以前难以把握的东西，现实中存在很多非逻辑的现象、非理性的现象、突变的现象，这些现象在大数据的支持下，可以通过分析数据间的规律性，在一定程度上提高预测未来的准确性。以百度预测展示区为例，利用百度强大的数据挖掘和人工智能算法"百度大脑"，在线预测旅游城市和旅游景区的火热程度。这些预测到底靠不靠谱，还有待时间检验，但从一个侧面让人实实在在地感受到了大数据预测的魅力。

8.4　大数据在农产品生产及物流领域的应用

各国政府、社会组织、企业都认识到大数据技术所带来的机遇，都开始发力推动大数据在各领域的应用，在农产品生产领域及物流领域也已经有所尝试。现今，大数据在经济、政治、文化等各个领域都得到了一定的应用，并产生了深远的影响。物流行业联系着各大企业、商家、家庭和个人，所涉及的数据量非常大且具有一定价值。而大数据技术能对这些数据进行快速高效的处理，得到正确有用的信息，这对物流行业发展具有重大意义。

8.4.1 国外状况

1. The Climate Corporation——企业主导的大数据平台

据《纽约时报》网络版报道，跨国农业生物技术公司孟山都（以下简称"孟山都"）于 2013 年 10 月以 9.3 亿美元巨资收购 The Climate Corporation。此次收购标志着大数据对工业经济的推动作用又前进了一大步。The Climate Corporation 总部位于美国加州，公司已经运营 6 年，并从 Google（谷歌）、Founders Fund（创始人基金）等多家公司获得超过 5000 万美元的风险投资。公司为农业种植者提供名为 Total Weather Insurance（TWI，天气总保险）、涵盖全年各季节的天气保险项目。该项目利用公司特有的数据采集与分析平台，每天从 250 万个采集点获取天气数据，并结合大量的天气模拟、海量的植物根部构造和土质分析等信息对意外天气风险做出综合判断，向农民提供农作物保险。该保险的特点是当损失发生并需要赔付时，只依据天气数据库进行处理，而不需要烦琐的程序性工作。

作为一家像 Weatherbill（天气账单）这样的天气保险公司，The Climate Corporation 的目标是为小型高尔夫球场因不可预测天气带来的损失提供补偿。在被孟山都收购之后，The Climate Corporation 将有望成为孟山都内部更加庞大的业务部门。孟山都希望能够借助 The Climate Corporation 的数据分析进入"下一个农业时代"。它让农民接受和分析数据，告诉农民该种植哪些作物，浇多少水，如何灌溉。同时，力图让农民能够在地里种植不同的作物，并提高产量，帮助农民优化产量管理风险。与此同时，孟山都计划将 The Climate Corporation 的作物保险产品在全球范围内售卖。The Climate Corporation 已经在众多降雨、温度、土地类型等公共数据的基础上制定了一系列的政策，但目前尚不知将如何更好、更快地将这些政策在全球范围内实施。孟山都希望在农业领域能够像通用电气一样，在全球范围内获得产品交互数据，从而提高工作效率，并在这些数据的基础上出售新的服务。

2. Farmeron 用云计算技术促进农产品生产——企业主导的大数据平台

Farmeron 创建于克罗地亚,自 2011 年 11 月(公司成立)至 2013 年,Farmeron 已在 14 个国家建立了农业管理平台,为 450 个农场提供商业监控服务。Farmeron 旨在为全世界的农民提供类似于 Google Analytics(谷歌分析)的数据跟踪和数据分析服务。农民可在其网站上记录和跟踪自己饲养牲畜的情况(饲料库存、消耗、花费,牲畜的出生、死亡、产奶等信息,还有农场的收支信息)。它帮助农场主将分散的农业生产记录整理到一起,并用先进的分析工具和报告有针对性地监测分析农场及生产状况。过去一位奶牛场经理需要花几天时间来输入和分析几个月来奶牛的进食与医疗数据,如今数据随时可取,利用这些数据,农场主可以科学地制定农业生产计划,跟踪动物信息和销售方面的需求,并能够及时向保险公司汇报牲畜死亡情况。

3. 硅谷生鲜农产品电商 Grub Market(食品市场)新玩法——大数据 +Lyft

从订购食材到送货上门,整个过程不超过 24 小时,而且食材总价比在超市购买便宜至少 1/3,这就是硅谷 Grub Market 公司的新玩法。Grub Market 2014 年年初上线,主要致力于连接本地农产品的生产者和消费者。从商业模式看,它没有新奇的地方,每单生意它都收取卖家 15%~25% 的交易费。一般情况下,电子商务模型会涉及三个环节,一是平台,二是仓储,三是物流。美国两大电商巨头 eBay 和亚马逊在这三个环节的处理方式不同,其中,eBay 两端主要服务于消费者,平台是其重点,它几乎不涉及供应链;而亚马逊以供应链著称,它有仓储和强大的物流。从上游供应商看,Grub Market 更像是 eBay 模式,它服务于一个个小农场主,中游回避仓储,没任何库存,卖家直接与下单用户对接;下游又回到了亚马逊模式。从人员看,公司员工有 12 人,其中技术人员 5 个,递送人员 2 个。5 人的技术团队主要工作是对城市交通和物流数据、闲散劳动力数据进行收集,并处理和分析这些数据。

Grub Market 成功秘诀:对城市交通和物流数据进行收集,并具备处理和分析这些数据的能力。公司利用大数据整合 GPS 地图及数据,提前调整运力、优化运输路线并缩短用户等待时间。同时,利用大数据对城市闲散劳动力进行分析,以 Lyft(以城市闲散私人车主为主的出租车)解决"最后一公里"配送运力。

8.4.2　国内状况

1. 农业大数据产业技术创新战略联盟

2013 年 6 月，国内首家农业大数据产业技术创新战略联盟在山东农业大学成立。联盟由政府、高校、科研单位、企业等山东省内外 22 家成员单位组成，包括农业数据提供者金正大生态工程集团股份有限公司（根据信息化数据分析推荐合理的施用肥料方案，以符合联盟在种植业方面的相关信息采集需求）、云计算解决方案提供商浪潮集团、提供数据挖掘的龙信数据等多家公司。联盟采用大数据研究手段，在收集与存储气象、水利、农资、农业科研成果、动物和植物生产情况、农业机械、病虫害防治、农产品加工等诸多环节数据的基础上，通过专业化处理，对海量数据快速"提纯"并获得有价值的信息。如此加快大数据"指导"农产品生产与流通发展的脚步，推进智慧农业的建设，为政府、企业等单位的决策和发展提供服务。

近年来，作为现代农业生产的新兴生产要素，农业大数据越来越受到重视。2019 年 2 月，中共中央办公厅、国务院办公厅印发的《关于促进小农户和现代农业发展有机衔接的意见》提出，"实施互联网＋小农户计划，加快农业大数据、物联网、移动互联网、人工智能等技术向小农户覆盖"，并强调"支持培育一批面向小农户的信息综合服务企业和信息应用主体，为小农户提供定制化、专业化服务"。将大数据分析应用到产前规划、产中管理、产后营销的整个环节，并培养农户数据致富意识，是农业农村现代化与乡村振兴的重要基础。各渠道农业数据分散庞杂，渠道彼此处于不同的"孤岛"难以联通，这造成数据的作用不能完全发挥，所以急需打造高质量的大数据基础设施平台。

2. 布瑞克农业大数据

北京布瑞克农信科技集团有限责任公司作为国内领先的综合智慧农业解决方案提供商，被誉为国内农业咨询领域的麦肯锡。布瑞克公司率先提出智慧农业的理念，以"农业大数据＋电子商务＋增值服务"为主要的业务布局，提供农业信息、咨询、数据等业务服务。公司曾获得 6 项国家版权局授予的计算机软件著作权登记证书，是北京市经济和信息化委员会认证的"双软"企业，也是北京市的高新技术企业。布瑞克凭借十余年的行业数据积累与技术优势，按照市场化的思路，以较低价格为有大数据需求的县级政府搭建标准化大数据平台，让各类农业数据在平台上"跑"起来。通过各平台间的相互联通，公司打破数据间的物理隔断，实现不同地区间农业数据互联互通，并针对政府、农户、企业等不同主体提供4项产品应用、17项内容模块、4项重点服务。通过这一大数据平台，县域农业管理部门可通过大数据智能展示终端及时了解县域内涉农产业分布状态，并梳理县域主要产业基本面，依靠数据分析精准定位县域产业发展方向，有的放矢开展精准招商。农户则可以通过手机App、小程序等互联网方式获取种养技术、市场行情、产品销售渠道、专家培训服务。涉农企业也可以通过大数据平台提供的"决策支持系统""研究报告"等功能，获得更科学的决策支持。

布瑞克公司通过在广大农村地区建立完善的现代产业体系，充分激发农村内生动力。产业振兴是乡村振兴的关键，这需要作为产业主体的新型农业经营主体、加工流通企业、电商企业间实现深度融合，从而推动农村流通服务体系转型升级。数据是农业产业中的人、物、交易互联的充分体现，通过布瑞克大数据平台能够发现产业融合的趋势与暴露出的问题，布瑞克公司则据此给出解决方案，提升产业效率。

农业产业转型升级需要依托产业互联网，而大数据挖掘可以整合需求，进而提升产业品质。布瑞克公司以农业大数据为基础载体，升级农业产业互联网，构建起"县域智慧农业大数据+B2B产业互联网电商平台+品牌农产品农业电商"的"大数据+产业互联网"系统网络。通过旗下两大电商平台对接产销两端，布瑞克公司一方面通过对企业采购行为进行数据分析建立采购企业画像，从而确定其采购需求和习惯；另一方面将这些需求精确地反馈给生产端，实现以订单促生产，让产销精准对接。农产品集购网采购注册用户已经超过53000家，其中长期有采购行为的大型农贸商数量达10000家。在助力国家级贫困县贵州省石阡县脱贫过程中，布瑞克公司经过3个月的数据收集和分析，利用农业大数据平台对种植、销售、市场容量、价格等因素做出科学评估，在当地30多种农产品中挑选出10种特色农产品，并对这10

种农产品从品牌打造、产品包装、市场营销、线上线下推广等方面给出综合方案，采用大数据技术使优质农产品走出大山，目前已经惠及5000多家农户。

3.盒马鲜生电商线上线下大数据营销

O2O行业一直非常火热，但生鲜农产品电商却一直没能实现飞跃式的发展，随着一些平台在生鲜农产品电商领域折戟，很多商家都不敢再去尝试。随着新零售的快速发展，以及大数据功能的不断强大，电商企业试图利用大数据技术助力生鲜农产品电商行业走出困境，使生鲜农产品电商行业焕发出了新的生机。大数据营销本质上是在海量数据的基础之上，通过深挖数据、广积数据、统计分析敏锐地抓住用户的想法，了解用户最想要的是什么，最需要的是什么；再锁定目标用户为他们量身打造营销策略，通过不同的途径，为不同的用户发送不同的内容；然后实时观察回流数据，不断优化营销策略，提升用户转化，并和第一步的用户洞察形成完整的循环。盒马鲜生走在生鲜农产品电商前沿，其运营过程均依靠大数据分析。很多人都非常看好盒马式的新零售，认为这一模式通过大数据将台前幕后系统地融合在一起，把"人""货""场"联系到一起，使电商能够精准掌握消费者需求，反向驱动商品采购、加工、配送的闭环形成。

在整个过程中，大数据营销重要的一个特征，也是它的优势，就是全流程定制化。正因为有海量数据做支撑，才使深度洞察消费者需求成为可能，而不是单纯靠销量、主观臆断、个人喜好进行判断。传统模式下，无论是效率的提升，还是产品的差异化、供应链的优化，都很难迅速实现，而大数据就是传统零售向新零售转变的快速车道。以第三方全景数据服务平台MobSmart的"全景大数据＋场景小数据"理念来看，大数据不仅要关注数据的数量，更要关注数据的质量、深度、适应度。数量只是基础和起点，大数据的核心意义在于帮助更多的企业、行业实现定制化升级，为更多消费者量身打造智能化生活，而新零售只是其中的一个领域而已。直观的变化就是，有了大数据的支持，新零售的配送能力得到显著提升，也更加符合年轻消费者的生活习惯。

数据分析显示，首先现在的消费者需求不断提升，消费者对产品种类、品质要求高但又希望价格不太高。盒马鲜生按此进行商品配置，从100多个国家和地区直采商品，并加快运输速度，如挪威冰鲜三文鱼最快 72 小时到店；同时，不收合作商的进场费、陈列费、促销费。其次消费者更喜欢人性化的服务，盒马鲜生便上架小包装生鲜以及符合周边消费者口味的商品，还提供 3 公里内最快 30 分钟配送服务。

在新零售的大潮中，市场在不断变化。谁能把握消费者需求，谁就能占据一定的市场份额。以大数据为基础开展精准营销，挖掘消费者的个性化特征，是未来的发展趋势，生鲜行业也应如此。新型生鲜店的全国铺开，促进时效标准、产品保障体系和一体化加工物流中心的形成，对生鲜行业的传统供应模式产生一定的引导作用，从而促进整个行业更快更好发展。

①消费人群细分，获取精准消费者。过去生鲜行业发展受到掣肘的一个原因就是无法找到精准的消费者，从而导致生鲜农产品的大量堆积乃至浪费。无法找到合适的人群分布地点，使消费者找不到商品，商家找不到消费者。人群和地点的无法确定，就使生鲜农产品电商行业的发展受到限制，而今，通过大数据对消费人群进行细分，能够在很大程度上确定消费者的分布，从而更好地进行商品的推送。当然，这些消费者数据对于后期做口碑宣传、老客户维护等都有巨大的现实意义。

②生鲜的存储和配送。生鲜食品不同于其他，它不易存储，且运输成本也比其他类产品高，这也是制约生鲜农产品电商发展的一个原因。然而，大数据与新零售模式将能够从一定程度上解决这一问题。大数据能够发现、预测消费人群，新零售行业能够提供生鲜存储的环境，从而缓解这一问题。而且，通过大数据对物流系统进行优化，有助于进一步降低配送成本且提高配送效率、消费者体验、交易额。要想实现这一目标，大数据是基础，如果没有大数据做支撑，那么掣肘生鲜农产品电商行业的因素将继续存在。

③消费者的购买习惯、交易习惯。生鲜农产品电商想要快速发展必须培养消费者的购买习惯、交易习惯等，因为消费者对选购生鲜农产品的习惯就是看看是否新鲜、闻闻味道，还有的消费者热衷于讨价还价，而对于线上的生鲜农产品电商很多消费者会选择拒绝，毕竟这与其习惯相悖。所以，如何找到热衷于线上购买生鲜的消费者来做"领军人物"就显得尤为重要。其实，无论电商的线上广告做得多好，或许都抵不上朋友、邻居、同事向消费者推

送的一款产品，这种获取社会认同的方式将是生鲜农产品电商走出困境的一个契机。所以，此时的大数据就能够显示其强大的作用，其精准的分析将能够更好地使消费者将习惯传递出去。

4.阿里巴巴的大数据"菜鸟网"

2013年5月，阿里巴巴集团、银泰集团联合复星集团、富春集团、顺丰、三通一达（申通、圆通、中通、韵达）在深圳共同建立菜鸟网络科技有限公司，同时正式启动筹划已久的中国智能骨干网项目。这不论在电商还是物流领域都引起极大反响。根据规划，菜鸟网应建成一张能支撑日均300亿元网络零售额的智能物流骨干网络，做到让全国任何一个地区实现24小时内送货。不仅如此，菜鸟网还提供满足个性化需求的物流服务——如消费者在网购下单时，可以选择"时效最快""成本最低""最安全""服务最好"等多个快递组合类型。之所以能够提供这样的个性化服务，是由于阿里巴巴对于大数据技术的充分应用。当消费者订购大闸蟹并根据要求选择想要的快递组合类型后，阿里巴巴会根据以往快递公司的表现、各个分段的报价、即时运力资源情况、流向的即时件量等信息，甚至可以加上天气预测、交通预测等数据，进行相关的大数据分析，从而得到优化后的线路选项，最终将产品快速递送到消费者手中。这样，生鲜农产品物流的瓶颈"冷链断链""仓储高成本""损耗高""最后一公里"等问题将迎刃而解。

中国有数十万家物流企业，绝大部分规模小而分散。为了让中小物流企业也能搭上智慧物流的快车，菜鸟网络将把物流云全链路的能力向行业开放。菜鸟网络专注打造中国智能物流骨干网，利用先进的物联网、云计算等各项互联网技术，建立开放、透明、共享的数据应用平台，从而为物流公司、电商企业、仓储企业、第三方物流服务商、供应链服务商等各类企业提供优质服务，并引导物流行业向高附加值领域进一步发展升级。随着中小商家和中小物流企业进入智慧物流领域，菜鸟网络推动行业从局部优化进入全局优化。菜鸟网络将多项"黑科技"应用于城市末端配送，结合菜鸟智能分单，实现了前置分拣和集装运输，免去在配送站点进行二次分拣；动态定位技术可以将货物直接送达快递员手中，实现移动网点配送，快递员不需要再多次往返站点取货；物流版"变形金刚"电动交换箱体运输车，提升了仓库到站点的多频次运输效率，满足站点的多频送货需求；菜鸟网络帮助商家提升服务满意度，让商家实时了解货物所在位置，客户通过 App 还可以更改送货时间，使服务更贴心更智能。

5. 京东大数据

京东建立大数据研究院，用知识驱动电商革命。京东一直强调技术创新对生产效率的提升，并在多年的运营和创新实践中，积累了优质的大数据资源，以京东消费数据为基础，研究用户消费行为，构建用户消费评价、消费指数体系。在自建物流方面，大数据的应用为智慧科技的业务层面落地提供了展示、评估、预测、可视化管理、辅助决策等多方面的支持，与京东的物流科技相结合，搭建了完整而开放的仓、配、客、售后全供应链一体化服务，这样可以为京东商城以外的商业体系提供服务。订单交易、仓储物流等众多京东系统都会产生数据，仅每天的日志内容就大约有 1TB，大量的数据如何统一汇总到数据库呢？这就需要调度产品来实现数据生产。

京东坚定"客户为先"的服务理念，大力发展自建物流，保障用户体验，因此成为行业标杆。据京东大数据研究院发布的《电商打造助农高速路，2020 线上农产品消费趋势报告》显示，2020 年上半年，电商农产品成交额翻番，同比增长超过了 104%，增速是全国大盘的 2.6 倍；农产品的省外市场份额提高，地域农产品通过电商走向全国；通过电商打造的"助农"高速路帮助中西部省份农产品销往北上广等发达省份；2020 年上半年，地标类农产品成交额同比增长 74%，环比增长 50%。京东以应用场景和大数据为根基，在数字科技等领域不断探索，创造了很多发展奇迹。京东包含了电商涉及的营销、交易、仓储、配送、售后等环节，每个环节中都会产生大量的业务数据；同时用户在网站上进行的浏览、购物、消费等活动，以及用户在移动设备上的使用情况，包括各种系统的操作行为，也会生成海量的行为数据。为了对上述的结构化业务数据、非结构化的用户行为日志进行采集，京东设计了一套标准化采集方案，能够将业务分析所需的数据进行标准化采集，并将采集到的数据传输到大数据平台，以便后续的加工处理及上层的数据应用。在京东用户行为日志中，每天记录着数以亿计的用户来访行为。京东通过对用户行为数据进行分析和挖掘，发掘用户的偏好，逐步勾勒出用户画像，并将用户画像模型应用到产品营销当中，根据族群的差异化特征帮助业务部门找到营销机会、运营方向，从而全面提高产品的核心影响力，增强用户体验。2018年《京东大数据技术白皮书》数据显示，截至2018年年底，京东拥有集群规模服务器40000+、数据规模800PB+、日增数据1PB+，离线数据日处理30PB+，实时计算每天近万亿条。面对如此高的数据处理量级，京东大数据建设了全生态核心产品体系平台，该平台是京东大数据业务的基础服务平台，为京东业务生态提供一站式、自助式的大数据处理全流程解决方案。

大数据在农业、生鲜、电商、物流各领域被广泛应用。在大数据应用趋势下，生鲜农产品电商物流协同创新的关键不是资金而是数据。在信息时代，大数据是解决生鲜农产品电商痛点，使行业崛起的核心竞争力，数据是新型生产要素。在生鲜供应链愈发复杂的情况下，如何借助工具将数据的价值充分发挥出来是生鲜农产品电商物流企业亟须解决的问题。生鲜农产品电商供应链计划系统应该包含企业的生鲜计划及决策业务，涵盖生鲜需求预测、库存计划、资源配置、设备管理、渠道优化、生产作业计划、物料需求计划、采购计划等多项内容，以促使企业的市场边界、业务组合、商业模式、运作模式等发生彻底变革。在大数据时代，技术变革不是第一要务，思维变革才是，未来物流领域发展的三大关键是大数据、重构、协同。

9 大数据＋生鲜农产品电商物流协同

9.1 生鲜农产品电商供应链协同

生鲜农产品电商物流的协同首先依赖其供应链协同，在生鲜农产品电商供应链中，以简单的 B2C 型为例，供应链上各节点主体有上游的生产者企业或农户、中游的电商平台企业和物流企业、下游的消费者等，协同是供应链中各节点主体实现协同运作的活动。因此，协同就要树立"共赢"思想，为实现"为消费者提供优质健康农产品、各节点企业均获得满意的盈利"的共同目标而努力，要建立公平公正的利益共享与风险分担的机制。在信任、承诺和弹性协议的基础上深入合作，搭建生鲜农产品电商共享平台，进行面向客户协同运作的业务流程再造。由此可见，整个生鲜农产品电商供应链协同的主要目标是有效地利用和管理生鲜农产品电商供应链资源，其外在动因是应对供应链之间、节点企业之间竞争的加剧和市场环境动态变化的局面，其内在动因是谋求生鲜农产品电商供应链的组织效应，追求生鲜农产品电商供应链的价值链优势，构造竞争优势群体和保持核心文化的竞争力。生鲜农产品电商供应链协同建立了企业间一种双赢的业务联盟，以共同追求利润的最大化。

9.2 生鲜农产品电商物流协同

随着社会经济的持续发展和信息技术的快速更新，我国电子商务快速发展，市场竞争环境发生了巨大的变化，单一电商企业之间的竞争逐渐弱化，市场竞争逐渐演变为电商供应链之间的竞争。电商供应链之间的竞争涵盖了从原材料到最终成品的各个环节，电商供应链运行中每个环节协作形成的整体效率最终决定了整条电商供应链的竞争优势。在这一个趋势下，物流作为电商供应链中的核心环节，在衔接生产和销售两大业务中占据着主导地位，如何实现物流效率最大化、提升供应链的整体运作效率成为电商供应链中的各个主体关注的主要问题。电商物流的发展不仅涉及生产者、消费者、批发商、电商企业、流通企业，还涉及技术研发推广单位、软件提供商、金融服务企业等诸多利益相关者。这些利益相关者通过彼此的协同竞争突破传统线性交易逻辑，产生了网络化生态系统种群间和种群内的竞合博弈，形成了内部协同稳定且不断演化的复杂系统，实现了资源的有序流动以及信息的有效传递，进一步形成种群相互依赖的协同演化关系。

9.2.1　生鲜农产品电商物流协同目的

21世纪是信息时代，市场需求的变化遵循着摩尔定律和突变定律，无论是跨国企业还是中小企业的竞争空间都处在了全球化的层次上，而市场竞争环境的复杂性和多变性，使企业无法单独依靠自身去面对所有环节的竞争并对市场需求实现快速响应。21世纪企业制胜的竞争优势来源于"打群架"的能力。生鲜农产品电商物流协同是企业通过管理手段和大数据等信息技术实现的，通过数据资源共享，企业内部资源与外部不同企业资源持有者之间实现物流协作，协调一致，高效率、低成本地将产品送到客户手中。在供应链上，物流企业宏观上要与区域、产业、行业协同；中观上，一方面要与电商客户协调，共同管理资源、计划和控制物流生产、设计全程物流方案，另一方面要与各分包商协调，组织完成实际物流；微观上，要与末端客户（消费者）协同，才能有效地适应消费者多样和复杂的需求，整合所有的资源为消费者提供完善的解决方案，为消费者提供最好的服务。

9.2.2　生鲜农产品电商物流协同存在问题

目前，我国生鲜农产品电商物流协同方面主要存在以下问题。

1.生鲜农产品电商物流横向协同缺失（宏观层面）

生鲜农产品电商物流横向协同缺失主要体现在产业方面，在农业、流通业、服务业之间就生鲜农产品的物流管理没有达成协调、统一运营的机制。产业之间、行业之间、区域之间没有统一的数据资源和平台，无法进行数据共享。

2.生鲜农产品电商物流纵向协同缺失（中观层面）

一是供应链内企业间协同缺失。从生鲜农产品供应链角度来看，物流可以被看作电商交易过程中实现生鲜农产品"供应—分配—消费"的物流链条。这一链条上既包括与生鲜农产品产地供应配套的集中、分级、仓储、包装、干线运输等环节，又包括与生鲜农产品销售地相配套的储存、分拣、配送等环节，而在各个环节中出现的协调障碍均会导致物流纵向协同的缺失。

二是供应链间不同物流运输方式协同缺失。在互联网信息技术不断革新的背景下，生鲜农产品电商的迅猛发展对生鲜物流的运作模式提出了前所未有的挑战，消费者对生鲜农产品的需求不断增加且呈现出多样化趋势，进而衍生出新兴的物流增值服务，在此条件下，发展水平相对滞后的生鲜冷链物流必然会阻碍生鲜农产品电商的发展。同时，由于物流基础设施建设不完善，生鲜物流设施与配套设备没有统一的规范化标准，因此难以在电商业务运作中发挥核心支撑作用，并且会导致不同物流方式之间难以衔接，比如铁路运输、航空运输、公路运输之间的衔接不当。

3.生鲜农产品电商正向、逆向物流协同缺失（微观层面）

正向物流方面，部分企业存在架构凌乱、分工不明、流程不清晰等问题，这容易形成"踢皮球"的状态，使正向物流不顺畅。逆向物流方面，生鲜农产品电商中的退换货需要借助逆向物流完成生鲜农产品的回流，逆向物流会使生鲜农产品交易中的流通成本大大增加，由于生鲜的易腐烂等特征，而出现商品自身价值不足以抵偿物流成本的情况，这在一定程度上导致逆向物流协同的缺失。

深究造成电商物流宏观、中观、微观方面协同缺失的原因，其中主要是由于信息不畅导致多源信息融合受阻。而信息共享的理论技术研发与实践应用尚有一段距离，因而资源共享、数据共享的社会实践应用远远满足不了用户的需求，这对电商与物流的协同发展造成了严重的阻碍，进而抬高了电商物流的运作成本、降低了服务质量。

9.2.3　生鲜农产品电商物流协同要求

物流协同具有网络经济的成本优势，是供应链管理的进一步发展，它将企业控制范围扩大到供应链上的所有节点企业，并第一次让物流企业可以及时获得供应链中所有的信息，最重要的是它让企业知道产品的状态，如生鲜农产品生产、储存、运输以及能否按时到达消费者手中等。电商物流协同是以互联网为基础的物流服务，它能够使农产品生产企业、电商平台企业、物流运输（仓储或配送）企业用更低的成本去解决企业内、外部的物流问题。生鲜农产品电商物流协同反映了通过改变生鲜农产品电商物流方式、物流途径，从而挖掘物流新利润、新源泉的趋势，它通过生鲜农产品供应者到消费者的供应链运作，使物流、信息流和资金流达到最优化，并追求全面的、系统的综合效果。

随着生鲜农产品电商买方市场和竞争格局的形成，企业对物流作为"第三利润源泉"有了比较深刻的认识，而优化企业内部物流管理、降低物流成本成为当前多数国内企业最为强烈的愿望和要求。在生鲜农产品电商物流横向协同方面，生鲜农产品自身生产、储存、消费的领域需要不同的物流企业进行服务，各物流企业为降低高额物流成本，实现规模效益，有必要进行跨产业的数据共享，通过数据信息化管理使生鲜农产品有序流通，这就需要区域内生鲜农产品生产、流通、消费的大数据资源。在生鲜农产品电商物流纵向协同方面，从生鲜农产品供应链角度，生鲜农产品产地生产、运输、销地消费等环节同样需要数据共享，实现各个环节的协调。在生鲜农产品电商逆向物流协同方面，由于逆向物流能带来绿色环保和可持续发展效应，因此政府给予越来越多的政策及资源支持，而共享经济和智能化的浪潮则会进一步助推国内逆向物流的商业运营模式和技术蓬勃发展，为绿色低碳和可持续发展奠定一定基础。在不同物流运输方式协同方面，不断完善不同方式的物流基础设施建设，统一标准，能够使生鲜农产品实现在铁路、航空、公路之间运输的无缝衔接。

生鲜农产品电商的发展对物流服务提出更高的标准和要求，因此服务于生鲜农产品电商的物流企业，必须与生鲜农产品电商供应链的上下游企业结成联盟，整合供应链整体的竞争能力和资源，实现共赢。具体协同表现如下：一是在宏观层面，物流企业必须了解生鲜农产品电商供应链上游供货端的农业、流通业，下游消费端的服务业等产业的相关政策、数据资源，并做出宏观判断与决策；二是中观组织层面的协同，物流企业与电商平台企业间由"合作—博弈"转变为彼此在供应链中有更加明确的分工和责任，即"合作—整合"，物流与电商平台企业间在业务流程层面的协同，在供应链层次打破企业界限，围绕满足终端消费者对优质健康农产品的需求这一核心，进行业务流程的整合重组；三是微观层面物流企业内部各部门之间的协同，所有协同中都离不开信息化协同方式，即通过互联网技术实现生鲜农产品电商供应链成员间的信息系统集成，实现运营数据、市场数据的实时共享和交流，从而实现伙伴间更快、更好的协同以响应终端客户需求。物流企业只有通过信息化在这三个层次上实现了供应链协同，整条供应链才能够实现响应速度更快，更具有前向的预见性，更好地抵御各种风险，以最低的成本为客户提供健康优质的生鲜农产品和服务。

在信息层面的协同，要扩大协同范围，通过数据资源实现物流企业内部各部门协同，物流企业与供应链各节点企业间的协同，物流企业与其他供应链间的协同，物流企业与行业、政府间的协同，这就需要现代信息网络技术为物流企业的信息沟通、业务协同提供先进的技术平台。以数据信息化为基础整合物流产业链，同时实现生鲜农产品电商供应链各个环节的紧密联系，才能够有效提高电子商务行业的服务质量。通过协同平台将生鲜农产品电商供应链上的所有生产者、合作伙伴、消费者联系在一起，生鲜农产品电商企业选择物流商务价值链上的最佳合作伙伴，从而实现协同工作，并获得协同效应，使供应链上的各节点企业能够获取、创造、分享和使用知识，从而创造更多的价值。大数据是实现物流信息层面协同的核心资源。

由于各地和各行业之间、供应链间存在数据割据问题，目前大部分地区是小范围内的数据共享，生鲜农产品电商市场上还没有一个统一的信息系统，即使各个物流企业有自己的信息系统，它们彼此之间的差异也是很大的。由于缺少基于共享机制的冷链物流平台，导致供需信息不对称，冷链物流企业间资源共享程度低，严重影响了生鲜冷库、冷藏车等冷链设施的合理利用。

要建成完善的生鲜农产品电商物流数据平台，除必备的生产商、电商、物流商等供应链内部数据资源外，还需要大量的外部数据资源。将这些数据进行整合、协同共享，并利用大数据技术进行分析，才能更好地服务于生鲜农产品电商物流。

9.3 生鲜农产品电商物流相关联的大数据源

宏观数据源包括农业、物流业、交通业、气象行业等间接相关的数据源。中观数据源主要是生鲜农产品电商供应链环节上关联的数据源，比如整个供应链上直接相关的生产商、电商平台、物流企业等。微观数据源主要为物流企业内部各物流环节、各部门的数据源。下面仅介绍与生鲜农产品安全生产、电商订单规模、物流效率直接相关的重要数据源。

9.3.1 影响生鲜农产品安全生产的相关数据源

1. 农产品生产环境数据信息

工业的发展带动了地区的经济，增加了农民的收入，但也严重损坏了农产品生产的生态环境，环境质量下降的形势不容乐观。尤其是局部地区的土地、水源受到严重污染，农作物赖以生长的水和土壤受到严重破坏，生产出的农产品被污染情况不容忽视，因为这会严重影响人们的身体健康。对农产品生产环境的监管治理、监管力度仍需进一步加大，监管信息包括农作物生长环境的空气温／湿度、土壤温／湿度、土壤质量检测、水质量检测等信息。

数据包括两方面，一是农产品生产环境资源数据，包括土地资源、水资源、农业生物资源、生产资料等。二是农产品生态环境管理数据，包括土壤、大气、水质、气象、污染、灾害等，都需要进行全面监测、精准管理。

2. 农产品生产投入品数据信息

随着化肥、农药、植物生长调节剂、动物激素等的应用量大幅增加，使在提高农产品产量的同时，农产品质量却受到很大影响。生产投入产品的数据包括种子、农药、化肥、兽药、鱼药、饲料添加剂等的来源信息。

3. 农产品生产过程中的管理数据信息

农产品生产过程中的管理数据信息包括，农作物的育苗、生长、繁殖等阶段的数据信息；标准化生产中的气象、土壤监测，灌溉施肥、作物长势、病虫害等的数据信息；农产品生产装备与设施监控产生的数据信息，例如设施种植业、设施养殖业（畜禽和水产等）与精准农业中的通风控制器、喷淋控制器，以及多幅卷帘控制器（控制卷帘位于多种状态）等；农产品生产中的工作情况监控、远程诊断、服务调度等；各种农业相关科研活动产生的数据信息（如大量的遥感数据，包括空间与地面数据）和大量的生物实验数据（如农产品基因图谱、大规模测序、基因组数据、大分子与药物设计数据）。

4. 农产品生产后处理数据信息

农产品生产后物流信息有冷库及冷链运输中环境温度等；农产品溯源信息有编码、标识信息，例如，RFID 标签及二维码标签在牛肉、羊肉等溯源中的应用，包括养殖环节中的 RFID 耳标、屠宰环节的循环 RFID 标签、零售环节（超市）中的二维码标签等。

5. 其他相关的数据信息

一些通用的信息化技术与农产品生产相结合，也会为农产品生产带来便利。如农产品生物学数据信息、营养数据信息等。

9.3.2 影响电商订单规模的数据源

电商平台总体分析主要从网站整体访问及订单销售两大维度来进行综合分析，着重了解用户在购买过程中各环节的体验，结合其人口统计学属性、购买行为等，给出提升用户体验的策略，最终提升订单销售业绩。分析指标包括访问人数、订单数、销售总额、客单价、购买频率、销售趋势等数据，还包括新用户比率、老用户比率、新用户注册量、注册转化率、订单量、订单转化率、新老用户重复购买频次、新老用户重复购买订单数、新老用户重复购买金额等数据。电商订单量越大，物流配送量越大，才能有效降低物流成本。

①总体运营指标相关的数据源：活跃用户数、新增用户数；总订单量、从访问到下单的转化率；成交金额、销售金额、客单价；销售毛利、毛利率

等。这里主要从流量、订单、总体销售业绩、整体指标进行把控，对运营的电商平台有个大致了解，到底运营得怎么样，是亏是赚。

②流量指标相关的数据源：新增用户数、页面访问数；用户获取成本；跳出率、页面访问时长、人均页面访问数；注册会员数、活跃会员数、活跃会员率、会员平均购买次数、会员留存率等。该数据源主要用于对访问网站的访客进行分析，基于这些数据可以对网页进行改进，以及对访客的行为进行分析，等等。

③销售指标相关的数据源：加入购物车次数、加入购物车买家数、加入购物车商品数、购物车支付转化率；下单笔数、下单金额、下单买家数、浏览下单转化率；支付金额、支付买家数、支付商品数、"浏览—支付"买家转化率、"下单—支付"买家转化率；交易成功 / 失败订单数、交易成功 / 失败金额、交易成功 / 失败买家数、交易成功 / 失败商品数、退款订单数量、退款金额、退款率等。销售指标相关的数据源用于分析从下单到支付整个过程的数据，帮助电商提升商品转化率。此外，这里也可以对一些频繁异常的数据展开分析。分析指标包括：订单编号、订购时间、商品编号、商品名称、订单价格、订单数量、订单状态比率、支付方式统计、支付方式订单比率、订单数排名、订单金额排名、取消订单数、新会员订购比率、老会员订购比率、订单各区分布等。

④客户价值指标相关的数据源：累积购买客户数、客单价；新客户数量、新客户获取成本、新客户客单价；消费频率、最近一次购买时间、消费金额、重复购买率等。该数据源可以用于分析客户的价值，建立 RFM 价值模型[①]，找出有价值的客户，实现精准营销。

⑤市场营销活动指标相关的数据源：新增访问人数、新增注册人数、总访问次数；订单数量、下单转化率；ROI（投资回报率）等。该数据源主要用于监控某次活动给电商网站带来的效果，以及监控广告的投放效益。同时，营销流量订单转化分析能够对细分后的购买、购买率与细分前的总访客数进

---

① RFM 模型是衡量客户价值和客户创利能力的重要工具和手段，它通过客户数据库中的最近一次消费（Recency）、消费频率（Frequency）、消费金额（Monetary）3 个数据进行分析。

行实时分析对比,了解从每个站点进入的客户对销售贡献的高低,以便及时调整网站布局。系统能够对访客的访问路径、搜索产品、购物车等电子商务交易过程中的各个环节进行实时分析对比,得到实时的营销报告。

⑥商品类指标相关的数据源:生鲜农产品品牌、种类、数量等。该数据源用于分析电商网站商品一级/二级/三级的商品分类、商品品牌等商品活动数据,帮助电商网站评估商品销售情况及其变化趋势,建立关联模型,从而进行精准关联销售。

⑦风控类指标相关的数据源:卖家评价与投诉。该数据源主要用于分析卖家评论、投诉情况,以便发现问题,解决问题。

⑧市场竞争指标相关的数据源:市场份额、市场排名等。该数据源主要分析市场份额及网站排名,进行进一步调整。

9.3.3 影响物流效率的重要数据源

1. 运输配送环节的数据源

①收集市场业务信息。信息主要来自两方面:一方面通过通信网络和电子数据交换(EDI),企业接收运输市场的交易信息,参与货物运输竞标,中标的货物业务进入本企业的数据库;另一方面通过客户服务系统,企业取得长期、固定的客户业务需求信息,也集中存储于数据库中。

②取得道路交通信息。企业通过通信网络和GPS,利用交通控制中心的资源,取得运输网络中的航运、海运、陆运的道路交通状态信息,例如了解空中管制、道路车流、道路维修、交通事故、海域台风等可能影响交通的状况。企业通过掌握运输工具的动态位置信息,实现对运输工具的动态跟踪。企业设置信息咨询服务器,一方面供企业生产管理决策者使用;另一方面结合运输工具载货信息,向客户提供动态货运信息。

③收集天气信息。天气信息在运输企业调度作业中发挥着重要作用。比如,可以在调度室放置显示屏,利用天气预报接口动态更新天气预报以供司机出车前查看,司机了解出车途经地天气情况并采取预防措施,如了解到出车目的地天气异常恶劣时,可做出一些预防与心理准备等。该接口来源于国家气象局,企业可免费使用,在程序设计时企业可以设置定时器,每隔一定

时间动态更新一次。

④获取货物信息。企业通过 RFID 标签进行农产品货运追溯与在线监测，查询农产品进出口状态、农产品生物学特性、农产品运输环节标准、农产品区域调配状况、农产品仓储状态等信息，同时预测农产品流向，以此作为制订货物运输方案依据。

⑤运输资源信息。运输资源信息包括车辆、车皮、集装箱、轮船等运输工具以及司机等人力资源。比如，司机信息包括基础信息、健康状况信息、驾驶经验信息、运输路线熟悉程度信息等。

⑥其他需要的功能。一是可视化管理平台，这是物流企业进行运输计划、运输方案优化、运输工具动态控制等工作的平台。它需要开发相应的软件，实现计算机辅助决策功能。二是仓储管理、财务管理和客户服务子系统，这些子系统是企业对客户实行全程供应链管理的必要组成部分，也需要开发相关的软件，与运输调度功能相结合，构成完整的智慧物流运输系统。

2. 仓储环节的数据源

仓储系统的数据主要分外源数据（如仓储市场业务数据、仓储基础资源数据、农产品生物特性数据、农产品物流相关标准数据、农产品基础编码数据、农产品生产数据、农产品消费数据、气象数据、道路交通、相关仓储分布等数据）和内源数据（如入库数据、在库管理数据、出库数据、仓管员数据、基础环境数据和其他相关数据）。

①仓储市场业务数据。信息主要来自两方面：一方面企业通过通信网络和 EDI，接收仓储市场的交易信息，参与货物仓储"标的"竞标，中标的货物业务则进入本企业的数据库；另一方面企业通过客户服务系统，得到固定客户的业务需求信息，也存储于数据库中。

②仓储基础资源数据。企业利用政府大数据中心的开放资源，取得仓储网络中的常温库、高温库、低温库等仓库的仓容、存储状态等信息，实现对仓储资源的动态监测。此外，企业可以设置信息咨询服务器，一方面供企业仓储生产管理决策之用，另一方面结合仓容储存信息，企业向客户提供仓储动态，还包括仓库设备信息、库管人员等人力资源信息。

③气象数据。主要包括天气预报、气象预警、气候变化、防灾减灾等。例如，仓储企业可以利用天气预报中温度变化信息进行库内温度控制，以节约成本；利用存储地天气异常、灾害预报等进行仓储提前预警，减少仓储损失。

④农产品基本信息数据。企业通过农产品生产数据了解农产品生长期状态、病虫害情况、水分情况，以此作为制定农产品仓储方案的依据。

⑤其他需要的数据。其他需要的信息主要是供应链上的各个信息库。一是可视化管理平台，企业利用该平台对整个仓储进行动态化管理。二是配送管理、运输管理、财务管理和客户服务子系统，这些子系统是企业对客户实行全程供应链管理的必要组成部分，也需要开发相关的软件，与仓储功能相结合，构成完整的智慧仓储系统。

物流仓储业务各环节会产生大量数据，数据涵盖区域广，且数据源复杂。随着计算机、信息化技术的发展，农产品仓储工作重点必须转向农产品仓储的控制和管理上，这就需要实现信息的实时、协调和一体化。计算机之间、数据采集点之间、机械设备控制器之间，以及它们与主计算机之间的通信可以及时进行信息关联，仓库计算机及时地记录订货和到货时间，显示库存量以及库存农产品在库保存的位置、温度、湿度、气体成分状态。如此，计划人员可以方便地做出供货决策，管理人员能够随时掌握货源及需求。数据化管理可以减少甚至消除在农产品产地、类别鉴别，地点确认、数据输入和准确分拣方面可能产生的传统错误，如此避免数据输入的延误，及时更新库存使管理人员能够随时找到所需的货物。信息化技术在仓储管理中的运用日益广泛。它可以把复杂的数据处理简单化，同时还出现了许多成熟的仓储管理软件供企业挑选采用。

农产品仓储数据化使供应链上的存货人、提货人、承运人、海关、商检、港口码头、贸易商和供应商都可以通过大型的电子平台完成自己的工作，基于当前物流信息技术主要应用领域和产生物流仓储大数据的主要来源分析，物流仓储大数据的主要应用领域包括以下几个方面：入库数据、在库数据、出库数据、盘点数据、损耗数据、设备管理与维修数据、标签数据、储位数据等，以及口岸检测鉴定服务数据、装运前检验服务数据、验货服务数据等方面。

　　因此，根据生鲜农产品电商物流相关联的大数据源分析，进行电商物流企业数据管理平台的建设。该平台涉及外部行业数据、内部业务数据两大块，数据采集后形成数据仓库，利用数据分析软件进行数据挖掘与评价，最后利用数据分析结果进行企业决策。电商物流企业数据管理平台如图 9-1 所示。

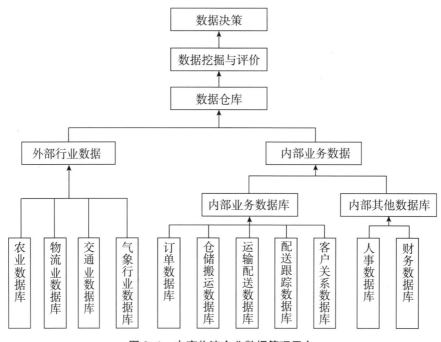

图 9-1　电商物流企业数据管理平台

9.4　生鲜农产品电商物流大数据特征分析

9.4.1　数据来源复杂性

　　生鲜农产品电商物流领域涉及的相关大数据源可分为物流末端消费者行为信息、习惯信息、偏好信息、交互数据等；电商平台企业 Web（网站）文本数据、流量分析数据、电商交易数据、使用者网络活动数据等；物流企业各类设施设备采集的数据——传感器读数、运营数据、实体数据、车载信息、仪表读数、监控视频数据等；信息系统采集或处理的各类数据——辅助决策信息、运营数据、产品数据、供应链数据、人力资源数据、财务数据、顾客数据、呼叫记录、市场数据等；计算机使用数据和移动设备使用数据——基础地理位置信息、RFID 读取信息、GPS 映射数据、图像文件、车载信息、时间与位置数据、车辆数据、高分辨率影像、遥感及动态监测数据等；CRM（客户关系管理）、流量监测、查询应用、分析器等应用数据；生鲜农产品供给侧生产数据、行业报告资讯、行业科研数据、行业调研数据、行业公共数据、行业公共信息等。

9.4.2　数据结构多维性

生鲜农产品电商物流的大数据既包括存储在数据库里的结构化数据，也包括日志文件、XML 文档、JSON 文档、电子邮件等半结构化数据。而更多的数据类型是办公文档、文本、图片、HTML、各类报表、图像、音频、视频信息等非结构化数据，半结构化、非结构化数据约占大数据总量 75%~85%。与数据结构的多维特征相对应，物流企业大数据的格式也是多样的。除了传统的纸质文件、档案、报表、表格、记录、信函等，物流企业大数据更多的是以 Web 文本、视频、短信、音频、邮件、配置文件、符号、图片等格式存在。这种数据格式的多样性和互不兼容性、数据访问的随机性等特点为数据的采集、存储、分析、应用带来了困难。

9.4.3　供应链特征明显

生鲜农产品电商物流供应链包括农产品生产、初加工、仓储、运输、配送、包装、销售等各个环节，其物流轨迹长，物流环节多，每个环节都产生海量数据，环节性数据特征明显，因此，物流行业大数据的应用呈现出供应链特征。

9.4.4　数据价值密度低

在某些物流环节产生的数据价值密度低。以农产品冷藏车车载监控视频为例，一部 1 小时的连续监控视频中，有用数据可能仅有 1~2 秒，甚至没有，这产生了大量的无用数据。农产品仓储过程如果为每件农产品装上 RFID 标签，标签使农产品当前的位置、装载和卸载的时间、存放的地点都很容易被追踪到。但是 RFID 识别器每隔 10 秒就会反馈产品的位置及状态数据，这将形成海量数据，真正有用的是农产品存入和离开的数据记录。如果农产品存储 3 个月，那么这期间每隔 10 秒的位置定位反馈数据就没有长期保存价值，但又必须收集这些数据，以便时刻掌握农产品流向状态。

9.5 大数据对生鲜农产品电商物流协同的影响

生鲜农产品电商物流的主要目标是将优质农产品即时送达消费者，涉及的数据包括宏观层面、中观层面、微观层面与农产品生产、流通、消费有关的关联数据源：生产数据源主要用于质量安全追溯，追溯目的是提供健康优质农产品；流通数据源，比如与物流有关的直接数据，包括仓储、运输、配送等；消费数据源，比如消费量、消费偏好、消费价格等。其中，与生产有关的数据主要包括产前管理（投入品及环境本底资源）、产中管理（生产）、产后管理（物流）。产前和产中是关联产品质量的数据，产前和产中的信息化管理主要服务于提供优质的农产品和协调区域品种的结构与数量。产后数据主要服务于生鲜农产品的有序、高效流通。

1. 大数据技术是生鲜农产品电商物流协同发展的基础和关键

未来的生鲜农产品电商物流平台化发展是主流趋势，而大数据是物流平台的有力技术支撑，同时驱动平台运营的核心在数据；"大物流"是要实现全社会物流资源的整合利用；智慧物流是利用集成智能化技术，使物流系统能模仿人的智能，实现物流的信息化、智能化、网络化、电子化，实现传统物流向现代物流的转变。这三种新兴物流的发展和实现无疑需要数据分析作为支撑，所以大数据也是实现电商物流信息层面协同的核心资源。

2. 大数据技术是突破生鲜农产品电商物流协同发展瓶颈的利器

目前我国生鲜农产品电商物流行业的发展面临着巨大的困难，急需突破发展初期的界限，需要各方共享化、协同化，从而迈向更高层次的发展。物流业一直被称为"第三利润源"，但在生鲜农产品物流方面，由于生鲜农产品的特殊性，物流过程复杂、损耗高、风险高，物流企业数量多、规模不大，生鲜农产品电商行业整体物流成本高。在信息化对物流成本的影响上，一方面是信息化设备和利用率及先进性，另一方面是对信息和数据的整合分析，这就需要信息化协同发展。在物流企业与供应链上各方协同时，利用一切有效数据资源能够分析和挖掘物流数据中的潜在价值，也能够帮助生鲜农产品电商物流企业降低物流成本。数据就成为"小物流"到"大物流"协同的利器。

3. 大数据的应用是生鲜农产品电商物流协同发展的必然趋势

一是企业"竞争与合作"需要大数据。未来的农产品物流市场竞争更激烈、市场变化更快，利用大数据分析技术挖掘隐藏在海量数据中的价值，从而支撑业务模式创新，将成为企业的核心竞争力。同时，在合作、协同方面，需要共享部分数据信息去迎合市场，增强企业的市场生存能力。

二是物流链协同应用需要大数据。以电商为例，电商物流等社会化物流的强劲发展，对运输、仓储、配送等物流环节的物流信息需求越来越多，这就需要通过大数据技术将物流业务数据与物流增值服务融合起来。

三是供应链发展需要大数据。全程供应链可视化是全球供应链的发展趋势，当 C2B 和 O2O 模式全面渗透到生鲜农产品电商物流的整个过程时，物流信息的可视化必然成为基础运营的重点，数据成为其核心。

四是企业管理协同与决策优化需要大数据。大数据是物流管理优化的基础，不管是单个物流运营个体的人、设备效率，还是整个运营路径的优化，大数据积累是物流运营优化、促进协同管理提升的重要依据。

五是企业高效协同运营需要大数据。传统的根据市场调研和个人经验来进行决策已经不能适应数据化的时代，只有真实的、海量的数据才能真正反映市场的需求变化。通过对市场数据的收集、分析处理，物流企业可以了解具体的业务运作情况，能够清楚地判断出哪些业务带来的利润率高、增长速度快等，才能将主要精力放在能够给企业带来高额利润的业务上，避免无端的浪费。

10　生鲜农产品电商物流协同模式探讨

10.1　生鲜农产品电商发展趋势对物流的要求

互联网构建了一个新的商业时空，电子商务开启一个新的商业时代。今天，电子商务已经成为我们的一种生活方式，无论是身居闹市，还是地处偏远，只要上网动动鼠标，我们便能感受到电子商务的便捷。对于传统渠道商、零售商来说，这是一个"最坏"的时代，因为人类延续几千年的商业行为正在发生着前所未有的改变，它们未来的生存空间正在不断被压缩；而对于制造商、品牌商来说，这又是一个"最好"的时代，因为电子商务的本质是网络直销或分销渠道的扁平化，它们生产的商品正以一种路径更直接、成本更低廉、速度更快捷的方式到达消费者手中。

在资本热捧下，生鲜农产品电商行业曾有过一段非理性繁荣。但从2016年开始，资本寒冬不期而至，生鲜农产品电商资金链断裂难以维持企业资金周转与正常运营，一场中小电商倒闭潮汹涌来袭。资本撤出生鲜农产品电商，其中最重要的原因之一便是薄弱的冷链物流环节制约着生鲜农产品电商的发展前景，物流已成为生鲜农产品电商难以承受之重，生鲜农产品电商的痛点不在电商，而在"生鲜＋物流"。生产环节的信息不对称、商品流通环节的非标化与粗放化、冷链物流配送的不完善等，都是影响生鲜质量和成本的重要因素，如何解决冷链物流痛点已经成为生鲜农产品电商东山再起的关键。不管采取何种物流形式，生鲜农产品电商在冷链物流配送上存在两大痛点：一是供应链前端城市间干线运输冷链痛点；二是供应链末端"最后一公里"配送痛点。解决生鲜农产品电商物流问题的关键不在于配送，而在于电商如何提高对仓储、配送、供应链管理（SCM）的理解与认知水平，以物流协同思维构建物流网络，并最终寻找出一套适合自己的电商物流解决方案。

10.2 生鲜农产品电商大数据物流协同模式探索

随着线上线下融合，生鲜农产品电商的购物场景完全发生了变化，而生鲜农产品电商物流讲究的一个是精，另一个是准。精准逻辑的起源是智能商业的出现，大数据积累将要实现的就是数据场景化、场景平台化、平台电商化目标。要实现这一目标，必须利用大数据"知人、知货、知场、知时"，利用人工智能知道大家在什么时间消费、什么场景消费、消费了什么东西。未来，包括大数据、基础设施等都会向生产者、商家、客户开放。那么，基于内外部数据资源管理，如何建立现代供应链计划，升级库存控制技术，打造生鲜农产品全产业链共生的状态呢？

10.2.1 平台的构建目标及框架探索

以自营模式为例，自营模式是电商企业自建物流系统，部分承担自有产品的物流，也可为社会提供服务。首先打造冷链智慧平台，冷链智慧平台相当于系统的"大脑"，负责决策、支配；然后是冷链数字化运营，冷链数字化运营具体来讲就像"中枢"，其职责就是连接、贯通；最后就是冷链智能化技术，即通过硬件设施把"大脑"和"中枢"分配的工作完全实施起来。在仓库建设环节，可以打造无人的冷库，而运输和配送环节是怎样利用智能化和无人化的设施设备，达到高效作业的效果呢？资源协同方面，自营物流系统和生鲜供应链上的供应商、合作伙伴等协同共生，利用区块链技术为商家赋能，为其提供一系列的解决方案。例如，可以和产地生鲜农产品种植养殖者开展"互联网＋"农业的协同合作，通过自营物流将优质生鲜农产品运输、配送到消费者家中。

生鲜农产品全产业供应链协同是以消费者为导向，从农业产业链源头做起，经过原料加工、养殖屠宰、产品加工、分销及物流、品牌推广与销售等每一个环节，实现生鲜农产品安全可追溯，最终实现全程质量安全的监管与控制，这是消费不断升级与质量提升的必经之路。

大数据技术可以以数据为纽带，整合全产业供应管理，给整个农产品生产方式、流通模式、消费模式带来革命性的改变。这种变革在电子商务中尤为明显，不仅可以实现消费者精准营销，整合线下物流资源以提高流通效率，而且在生鲜农产品质量安全的监控、质量追溯上更为有效，从而实现产品安全和产品追溯上的协同。根据生鲜农产品电商的提质增速增效目标，在大数据策略下，生鲜农产品电商平台上的电商企业可以直接联系全产业供应链前端的农产品供货商（家庭农场、合作社、企业等）、分销商和客户。从生产的原材料（农产品）供应商到最终消费者的整个过程，需要对线下物流、线上信息流和资金流进行集成化管理，通过为农产品全产业供应链节点中的单个卖家或上下游多个卖家提供全面的金融服务，保障供应链核心企业及上下游相关企业"产—供—销"链条的稳固和流转顺畅，实现线下物流、线上信息流和资金流的协同。

在全产业供应链管理情况下，生鲜农产品电商物流协同模式（见图10-1）的核心是大数据资源，大数据处理过程包括基础数据源确定、数据采集、数据存储、数据分析、数据挖掘，以及数据应用。可以通过建立云计算大数据中心，利用互联网将大数据应用于全产业供应链上的各参与者。可以以大数据为基础进行生鲜农产品质量安全监管、仓储配送资源优化、生产决策、消费决策、溯源查询等，为商家及消费者提供全方位的服务。例如，生鲜农产品电商与物流建立协同管理中心平台，平台主要有以下功能：协同决策、协同技术创新、协同营销网络、协同信息化、协同质量追溯、协同服务管理等，通过这些功能来实现物流与宏观层面的产业协同、物流与中观层面供应链上各个企业协同（主要是与电商平台间的协同）、微观层面的物流内部各环节各部门协同。在业务流程方面，平台将实现基础业务、运营业务、平台管理和运营支持四个层面的业务功能，同时实现各功能间的协同；在管理方面，平台要实现各层级会员管理、供应商商品发布、承销商在线下单交易、订单结算、交易管理、担保授信等全程电子商务管理，从而实现商务管理的协同。

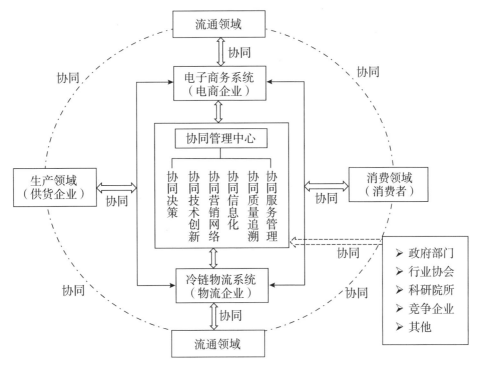

图 10-1   生鲜农产品电商物流协同模式

10.2.2   协同平台的作用

电子商务使生鲜农产品营销竞争从企业间的竞争逐渐演化为供应链之间的竞争。而大数据时代，电子商务环境下的供应链管理直接建立了供应链中企业与消费者间的联系，并且在开放的公共网络上企业可以与消费者进行直接对话，这有利于满足消费者的各种需求，提升消费者的满意度与忠诚度，保留住现有消费者。协同平台的建成，给物流行业、电商行业、供应链各企业、消费者等都将带来巨大变化。具体的作用有以下几点。

①协同决策。协同决策主要是协同各行业、各供应链、各主体、各环节的资源，解决我国生鲜农产品交易环节多、运输费用高、运输损耗大、库存成本高等问题，从而积极促进生鲜农产品物流效率的提高。

②协同服务管理。一是时间管理，实现无缝对接使生鲜农产品供应链上的各个企业降低生产成本，缩短电商企业的采购周期、缩短商品的循环周期、

加快订单处理和农产品的发送，从而降低成本、缩短需求响应时间和市场变化时间，并为消费者提供全面服务，使消费者能够获得高品质的产品和服务，同时实现增值与多赢。二是协同交易，为供应链中各个企业提供完整的电子商务交易服务，实现全球市场和企业资源共享，提高运营绩效，有利于分享物流、资金流和信息流等信息资源。

③协同信息化。比如协同货品追踪，既有利于企业了解顾客的需求以及供应商的供货情况，也便于让顾客网上订货并跟踪订货情况。

④协同技术创新。协同技术创新体现在协同研发、设计和制造。大数据推动电子商务平台、企业内部业务、管理信息系统的集成，实现企业从采购、流通、仓储到销售的供应链一体化协同；推进企业间的线上协同研发、设计和制造，增强产品、产成品、存量产品间的有机转化衔接，使供应链中各企业通过电子商务手段实现有组织、有计划的统一管理；减少流通环节，降低企业之间的商务合作成本，减少企业内耗，降低成本，提高效率，使供应链管理达到更高的水平。

⑤协同质量追溯。协同质量追溯即支持大型农业企业利用电子商务增强与产业链下游企业的协同能力，建立农产品从田间到餐桌全链条质量安全监管保障体系和追溯体系，协同建立可视化安全追溯链。

⑥协同营销网络。利用大数据预测产品的价格及其差异趋势为消费者省钱，并使消费者找到最好的购买时间，更好地服务于消费者，从而提升企业自身的竞争力。只有借助大数据技术这样的"利剑"，协同各方优势，电商企业、物流企业才能在行业竞争中脱颖而出。

10.3　大数据带来生鲜农产品电商物流的协同优化

10.3.1　内外部大数据融合驱动物流资源的协同，实现生鲜农产品电商的高效物流

电商物流蛋糕虽大，中国物流业吃起来却不轻松。据统计，美国的物流成本占 GDP 的比重在 8% 左右，而我国却在 14% 左右。此外，我国企业的物流费用平均占商品价格的 40%，库存周转期长，库存控制难，而美国的物流

费用平均只占商品价格的 10%~20%，最高为 32%。生鲜农产品对于电商而言是一道难题，极具挑战性。瓜果蔬菜生产周期长，容易霉腐且对卫生安全要求高，运输难、运费高，供应链和物流都是问题，而冷链物流配送又一直被国际物流行业称为该领域的"黑色地带"。目前农产品物流配送散、小、乱，缺乏有效的配送信息系统支撑，这是由于企业之间尚未建立信息即时分享和协同机制。

大数据思维下，如果单纯停留在自身内部数据中，往往容易出现"盲人摸象"的尴尬。因此，电商企业内部数据与外部数据结合，在提高行业集中度和统一标准前提下，以大数据共配中心思路建立统一的信息平台，通过有效地协同整合，用数据化的平台助力整个电商物流行业的发展。

1.提速电商物流建设，提高物流效率

把生产、流通各个环节的信息和数据打通，通过信息和数据的流转使物流的距离更短、效率更高，通过数据、仓储、配送平台，让商业的运转越来越快。如阿里巴巴"天网"与"地网"的整合，一方面通过平台控制电商资源，另一方面通过建设平台掌控物流资源，从而减少流通环节、提升物流行业的集中度、提升我国物流效率并且降低物流成本等。这对传统物流业将是一个很大冲击，同时，也将推动行业的变革。

2.提升电商与生鲜供应链企业间合作的紧密度

电商企业通过物流服务中用户评价的大数据分析，进行物流合作企业的筛选，更好地进行高效合作与无缝对接。

3.促进物流内部配送场所协同，降低物流配送成本

利用物联网、互联网等技术解决车辆利用效率低、不同配送企业之间交错运输等问题，来适应生鲜农产品配送"多品种、小批量、多批次、短周期"的柔性化特点，使生鲜农产品电商配送实现共配化，使无序走向有序，从而促进配送的合理化和服务的高效化。通过大数据处理可以整合小规模物流、减少空驶、降低成本、提高效率、优化配送中心等物流设施的规划布局，鼓励发展专业化、规模化的第三方物流。

4.促进物流内部仓储协同，降低库存，加快周转率

通过对仓储大数据分析处理，进行生鲜农产品仓储资源合理化配置，减

少能源耗费；监测仓储防病虫害用药管理以保证农产品质量和安全；监测仓储农产品库存状况和作业规范情况以提高作业绩效，方便保管运作，实现合理库存，减少损耗，降低仓储成本。一方面实现仓储安全管控，通过大数据掌控农产品仓储全过程，如货物进库、过磅、装卸、仓储、产品保鲜、初加工等，并可进行事后查询，为事故的责任追溯提供依据，保障农产品安全，并通过数据的采集和处理提升农产品仓储的利用效率；另一方面实现仓储环境参数可视化，可以实时查看仓库的运行参数，如烟雾、温度、湿度等，出现异常可以自动报警，实现仓储管理的智能化。同时，还可以通过数据库，对数千家连锁店每一笔销售的详细数据进行分析，分析购买行为以便更加了解客户。通过这些数据，业务员可以分析顾客的购买行为，从而提供最佳的销售服务，更好地降低库存，更好地进行仓储管理。

10.3.2　海量数据驱动增加用户黏性，促进与末端消费者的协同，以提升规模降低物流成本

海量数据驱动生鲜农产品电商实现精准营销，以增加用户黏性、提高消费规模，从而大大降低物流成本。从生鲜农产品电商各类创新模式背后，我们可以看到基于互联网的电商企业拥有呈几何倍数增长的庞大数据量。走在数据前面的阿里研究中心，面对数据量的快速增长，通过分析互联网端消费者购物习惯、频率、诉求等，将以大数据为中心的分析与挖掘变为可能。大数据分析、挖掘与应用被视为企业未来竞争优势的基础，它将改变企业决策、价值创造和价值实现方式。通过对大数据的深度分析，我们能够弄清市场未来的发展方向、消费者采购行为，以及企业营销的增长。一方面，用户可以快速"淘"到满意的产品；另一方面，也使电商实现精准营销。网上琳琅满目的农产品让人无从选择，消费者能做的就是反复对比同类产品的优缺点、过往买家的评论来决定自己的选择，这对消费者来说并不是那么容易。如果电商后台能对海量的消费者基本信息、消费习惯、兴趣爱好、健康状况、关系网络行为等数据进行快速分析，形成一份份消费者个人属性和购买习惯报告，则当消费者访问某个农产品品牌时，网站能够对该产品知名度、美誉度、用户关注点、退货率、搜索引擎呈现率等信息通过监测数据在几秒钟内进行

统计与深入分析，并提出专题营销的改进建议，然后进行跨平台和跨终端的整合，推荐出消费者阶段性最需要或最适合的产品，将能极大地促进商家的销售。目前，做得较好的网站有亚马逊、当当网等，它们能针对用户需求动态地推荐信息，推荐结果准确，推荐更新速度极快，这些分析结果起到了精准营销的作用，为用户匹配更加精准的商品，同时有利于开展主动营销策略，提高商品主动销售机会，从而能够实现整个电商价值的提升。没有数据分析支撑的决定将越来越不具有可靠性。沃尔玛、亚马逊、特易购等企业在用户分析和精准营销数据模型的基础上，对于自己的产品和服务随时进行改进，以"数据驱动"实现精准营销，农产品的电商营销同样如此。

1. 实现精准预测用户未来需求

从每个用户的购买行为中获得信息，企业将每个用户在其网站上的所有行为都记录下来，包括页面停留时间、用户是否查看评论、每个搜索的关键词、浏览的商品等。这样就能知道每一个客户的消费倾向，他们想要什么样的农产品，每个人的需求有哪些区别等。

2. 实现精准推荐

在亚马逊上买过东西的朋友可能对它的推荐功能都很熟悉，"买过 X 商品的人，也同时买过 Y 商品"的推荐功能看上去很简单，却非常有效，而这些精准推荐结果的分析过程非常复杂。通过数据帮助消费者做购买决策，如产品组合推荐告诉消费者什么时候买什么产品，什么时候买最便宜。同时，通过数据还可以预测产品的价格及其差异趋势，为客户省钱并找到最好的购买时间。

3. 实现精准促销

通过大数据，为消费者预测未来的购物清单，进而设计促销活动和个性服务。以特易购为例，通过会员用户购买记录大数据，了解一个用户是什么"类别"的客人，如单身、家有上学孩子等。店内的促销就可以根据用户的喜好、消费的时段来确定促销方式，这使促销更加有针对性。通过邮件或信件分类推送给用户的促销可以变得十分个性化，店内的促销也可以根据周围人群的喜好、消费的时段变得更加有针对性，从而加快商品的流通。这种做法为特易购带来了丰厚的回报，仅在市场宣传一项上，就能帮助特易购每年节省 3.5 亿英镑的费用。这背后的驱动力就是大数据，特易购各个业务环节都离不开"数据驱动"的身影。

4. 实现精准优惠组合

特易购每季度会为顾客量身定做 6 张优惠券。其中 4 张是客户经常购买的商品，而另外 2 张则是根据该客户以往的消费行为数据分析得到的他们极有可能在未来会购买的产品。仅在 1999 年，特易购就送出了 14.5 万份面向不同的细分客户群的购物指南杂志和优惠券组合。更妙的是，这样的低价无损公司整体的盈利水平。通过追踪这些短期优惠券的回笼率，特易购了解客户在所有门店的消费情况，还可以精确地计算出投资回报。发放优惠券吸引顾客其实已经是很老套的做法了，而且许多的促销活动实际只是掠夺公司未来的销售额。然而，依赖于数据分析来定向发放优惠券的特易购，却可以维持每年超过 1 亿英镑的销售额增长。

5. 实现精准定价

特易购同样有会员数据库，通过已有的数据，就能找到那些对价格敏感的客户，然后在公司可以接受的成本水平上，为这类顾客倾向购买的商品确定一个最低价。这样的好处一是吸引了这部分顾客，二是不必在其他商品上浪费钱降价促销。

6. 实现精准运营及管理

这家连锁超市在其数据库中收集了 700 万部冰箱的数据，通过对这些数据的分析，它能进行更全面的监控并主动维修以降低整体能耗。

7. 实现精准的客户流失预警

一个客户使用某品牌的大米，每月购买 3 次，每次 5 千克。如果按照传统的数据分析，可能这是一位满意度非常高、流失概率非常低的客户。事实上，当搜集了包括微博、社交网络等新型来源的客户数据之后，发现品牌正在面临流失该客户的风险。这就是一个大数据分析的应用场景。通过全面获取业务信息，大数据分析可能颠覆常规分析思路，打破传统数据源的边界，注重社交媒体等新型数据来源，通过各种渠道获取尽可能多的客户反馈信息，并从这些数据中挖掘更多的价值。

10.3.3　实现与质量安全追溯平台的协同，保障电商农产品质量安全，降低物流损耗

农产品从田间到餐桌，供应链长，且中间环节多，因此质量安全的影响因素多。农产品生产环节如何保障农产品不被滥用农药、化肥？流通环节如何保障仓储中不滥用添加剂？运输和冷链环节如何保障运输和配送中冷链不"断链"？这些问题足以让电商头大。作为电商，如何控制农产品质量安全成为生鲜"触网"的障碍。农产品作为需要被信任的产品，消费者安全看不见、摸不着，因此，质量追溯尤为重要。

大数据的出现，为提高农产品全覆盖追溯提供了可能。凭借农业物联网技术，通过 RFID、定位跟踪、传感器、信息安全、物联网集成等技术，建立电商农产品追溯平台。该平台以农产品条码数据库为核心，连接国家、地方、企业的农产品质量安全数据库、质量信用数据库、标准数据库、检测数据库等已有的资源，并将建设面向消费者的、可以通过手机移动终端查询及互动的开放式质量诚信平台标准作为平台的诚信评判依据，实现数据实时对接，进行假冒伪劣产品的自动监管。

1.电商可与农产品质量安全大数据库对接，进行上下游质量追溯

通过农产品身份唯一标识，电商可以实现农产品生产环境、投入品的追溯。电商通过企业身份代码和商品唯一编码采集、关联商品生命周期中生产、检测、销售、物流等追溯信息，并提供追溯验证、追溯分析、商品验证、品牌服务等功能。利用物联网智能追溯系统，电商收集所有数据源，并建立农产品质量安全信息追溯大数据中心，将农产品生产、物流的信息关联起来，形成完整的信息追溯链。通过建立农产品种养殖、运输、批发（配送）交易、零售、团体采购等监管子系统，实现从农产品生产批发到零售终端信息的正向跟踪和农产品零售终端到农产品来源信息的逆向溯源。大数据有效分析可以真正实现农产品质量安全监管的突破。

2.消费终端质量查询，吃得放心

应用移动互联网、二维码等技术，将编码查询、产品查询、标准查询、追溯查询、防伪查询、保质期查询、物流溯源查询等电商商品追溯信息融合，

建立信息追溯服务平台，以供消费者查询，从而提高产品信誉度。比如一箱玉田包尖白菜，消费者通过查询终端可以追溯到的信息如下：河北省唐山市玉田县玉田镇桃源村 55 号地，2019 年 8 月 20 日种，2019 年 11 月 29 日收，种植户为桃源合作社，由桃源运输公司运输到新发地。具体编码采用二维编码技术和商务产品编码体系（CPC）。

3. 建立电商供应链质量安全信息共享机制，合作共赢

生鲜农产品电商大数据物流协同平台（以下简称"协同平台"）的建立可实现供应商与采购商信息交互，建设与网上交易相适应的信息交换机制，提升电商企业的诚信水平，建立质量安全共享平台，推动大中型电商平台与电商追溯平台对接。协同平台根据企业和电商需求使产品认证信息与各个环节无缝衔接在一起，并得以有效应用。在现行政策下，通过优化结构、引入新技术、拓展新运营模式，使协同平台与电商、移动商务平台合作共赢。

4. 实现农产品质量安全可视化监控，降低损耗

在生产环节，电商可以利用物联网、无线互联、大数据等技术，在每个地块、大棚、猪舍等生产地都建立监视系统和标准化档案管理体系，监控生产过程、投入品使用状况等，使消费者真正吃得放心。在物流环节，如利用 RFID、GIS、GPS、车载终端等运输智能技术，通过数据收集和处理，电商可以随时监测农产品质量状况，并及时采取措施，从而降低损耗，提高物流运作水平。根据农产品流向和流量，平台的物流企业合力调配运输车辆，减少物流资源浪费，节约时间，从而加速保质期内的周转；利用车辆"黑匣子"监测温控设施的使用情况，时时监控冷链车辆运行参数，通过冷链保证农产品质量安全。例如，监控调度终端接收到智能车载终端发出的紧急报警信息，自动显示对话框并发出声响报警提示；终端通过 GPS 接收模块实时接收车辆当前 GPS 信息，并根据监控指挥中心的要求或设定方式发送信息；车载 GPS 终端采用温度电子标签监测冷运车辆的冷藏箱温度，并实时传输到监控中心，这样用户可以通过互联网方便地查询冷藏车的温度变化，实时监测农产品受损情况。

10.3.4 大数据促进物流与整个供应链线上线下协同，实现无缝对接

目前，生鲜农产品电商的 B2C 平台完成了电商企业与用户之间"以数据形

式面对面"消费模式的转变，积累了海量用户基础信息与交易数据。作为企业与消费者之间的桥梁纽带，B2C 生鲜农产品电商平台应更充分发挥其信息聚合挖掘能力，实现企业大规模同质化生产能力与消费者个性化需求有机对接，引导电商企业向"柔性化按需生产、个性化精准定位、社会化核心聚焦"逐步转型。农产品供应链对"冷""快"的要求与其现状的"小""少""弱""散"特点不匹配，导致的直接后果是农产品物流费用偏高。如果生鲜农产品电商能够依托现代信息技术形成由生产到消费整个过程的信息采集，使生鲜农产品电商与供应链的信息化管理相结合，将农产品从收购、加工、运输、分销直至最终送达客户手中的这一过程链条化，对整个供应链系统中物流、信息流、资金流的计划、协调、操作、控制和优化等各种活动和过程进行数据化管理，最终生鲜农产品电商就能将顾客所需要的产品以较快的时间、准确的数量、符合要求的质量和状态送到正确的地点，并使总成本最小。这就是把农产品供应链上的节点企业之间以及各企业内部的各种业务看作一个整体功能过程，形成集成化、数据化供应链管理体系，对物流、信息流、商流、决策流等进行有效控制。这种数据化经营模式将会极大地促进农业经济全球化的进程。

大数据下的生鲜农产品电商供应链将企业之间的竞争转化为供应链之间的竞争。供应链电商互联网服务平台可以实现供应链交易过程的全程电子化，彻底改变传统的上下游商业协同模式，实现线上线下的深度融合。大数据对生鲜农产品电商供应链影响明显，主要表现在以下五个方面。

1. 大数据可以用于预测控制技术

大数据可以利用模型预测控制技术，准确判断生鲜农产品电商供应链的整体需求方向和需求量，提升市场反应速度，控制成本，优化运营流程。

供应链上终端消费量的变动必然会引起上游各环节的变动。在生鲜农产品电商物流协同平台中，核心是大数据的应用。大数据的应用使协同平台能够对其供应链信息进行掌控，更清晰地把握库存量、订单完成率、物料及产品配送情况等，进行库存优化，并协助需求发生急剧变化情况下订单计划的制订；通过预先进行大数据分析来调节市场供求，协同平台可以合理配置市场资源，完成有效调控，企业利用新的营销策划手段来优化销售渠道战略，完善农产品供应链战略及市场竞争的优先权，从而增加企业利润。

2. 大数据可以用于风险的分析、警示和控制

随着生鲜农产品电商供应链变得越来越复杂，企业必须采用更好的工具来快速高效地发挥数据的最大价值。例如，问题预测可以使企业在问题出现之前就准备好解决方案，它可以避免企业措手不及造成的经营灾难，而通过大数据进行行情分析和价格波动分析，可以尽早对风险提出预警。例如，企业下单前考虑好仓库容量限制、保存期限等各种条件，从而计算出最合适的下单量；对未来需求量进行预测，从而决定合适的进货量；通过大数据对未来市场进行长期分析，从而即使在最恶劣事态出现时也可以将损失降到最低。

3. 可以利用大数据对目标客户进行资信评估

在客户同意的情况下，利用大数据可以对客户的财务数据、生产数据、水电消耗、工资水平、订单数量、现金流量、资产负债、投资偏好、成败比例等一系列数据进行研判，这些数据可以作为评判的指标应用于对短期小额贷款的审批。

4. 大数据可用于打造生鲜农产品电商的"智慧供应链金融平台"

供应链金融服务从整个供应链管理角度出发，提供综合财务金融服务，将处于供应链上的相关企业（在电商领域，即入驻平台的农产品卖家）作为一个整体，根据交易中构成的链条关系和行业特点设定融资方案，将资金有效注入供应链上的相关企业（卖家），提供灵活的金融产品和服务。生鲜农产品电商供应链上下游企业的订单、应收账款、存货和运输仓储等信息可以通过智慧供应链金融平台进行分类归纳，传递到供应链各方。银行通过实时分析处理各项业务的额度信息、交易信息、资金信息、物流信息等各类数据，自动识别和控制信用风险。同时，供应链上的企业可以随时在线测算当前在银行申请贷款的额度，自助发起融资申请，平台在线自动审批，实时放款。由于大数据的助力，银行缓解了核心供应商的应收账款问题，也加快了供应商的销售货款回收。同时，大数据给银行跨区域授信带来了便利。有专家将大数据供应链金融服务模式称为"1+N"模式，1就是核心，N指经销商和供应商。这种模式最早在汽车行业施行，现在已经拓展到了很多行业，银行也和物流公司、仓储监管部门、保险公司等建立了不同程度的合作关系。

供应链线上化已经成为必然的趋势，企业充分利用交易数据信息，可以有效解决信息不对称的问题，这也为金融供给的数量和方向奠定了基础。互联网供应链金融不需要任何"物"的担保物，但是必须要有信用担保，而信用是靠大数据积累起来的。在大数据对供应链各个环节都造成一定影响的情况下，供应链金融具备了一些速度、流程、融合方面的特点。具体来说，大数据供应链金融交易速度极快，对支付速度的要求也相应较高；大数据供应链金融具备的信息化和透明化特点便于平台操作，所以不可能再依赖核心企业发展流程；大数据供应链金融融合则包括制造业、商贸业、金融业、物流业等行业的融合。基于供应链金融的这些新特点，通过提高交易信用的形式使客户能够获得免担保的银行授信是大数据与金融结合的创新需求，而电商、金融、物流合建平台已经成为一种趋势。平台汇集了电商大数据，与支付系统、交易融资系统集成，达到了信息流、资金流、物流、商流的统一，并确保了交易资源和贸易行为的真实可靠。

5. 大数据促进供应链线上线下资源融合，协同生鲜农产品电商物流升级转型

电商供应链以企业内部 ERP 管理系统为基础，统一了人、财、物、产、供、销各个环节的管理，规范了企业的基础信息及业务流程，并据此建立全国范围内农产品经销商的电商协同平台。该平台实现外部电商与企业内部 ERP 系统的无缝集成，实现了供应链全程协同。同时，利用电商供应链可以对供应链上下游的供应商、企业、经销商、客户等进行全面的协同管理，从而实现高效的资金周转。而在生鲜农产品电商物流转型升级的过程中，做到信息透明，防控供应链金融风险至关重要。平台只有通过完善企业的信息管理，实现供应链业务协同，才可以帮助企业快速地实现信息流、资金流和物流的全方位管理监控。

10.3.5 大数据打造诚实守信的生鲜农产品电商物流运营环境

"诚信，是新商业时代的通行证"。诚信是电商活动中极为重要的价值观，虽然我国目前主要的电商平台都越发重视诚信平台的构建，既有"大数据 + 海外溯源验证"、创立电商行业"反炒信"联盟、签署"电商企业诚信经营倡

议书"的外部诚信建设；又有公布失信商家和企业、重视保护用户隐私、健全消费者权益保护制度的内部诚信建设，但电商领域的失信问题仍然屡见不鲜。比如生鲜农产品电商中，展示环节的"以假乱真""先提价再打折""刷单刷信誉"；交易环节的"大数据杀熟""默认勾选""消费返现"；售后环节的"快递物流失信""话好听、事难办""职业差评师"等。随着电商领域消费纠纷诉决机制、赔偿先付和经营者首问责任制的建立，消费者满意程度有了明显提升。

现如今，很多平台企业已经将大数据、云计算、人工智能、区块链等新一代信息技术广泛应用于其信用服务、信用监管中，不断创新和丰富技术应用的场景。企业要通过不断创新提升电商信用评价技术，从根本上杜绝滥用技术漏洞逐利的失信行为，确保信用评价技术与市场经济的成熟程度相匹配。在信息化协同中，诚信体系的基础就是大数据、云计算，打通各平台上的数据，建立一个大数据信息体系。这些数据经过顶级的专业数据分析和复杂的数据模型运算，用以支撑诚信体系中的每一个小环节。诚信体系的建设，一是确立主体责任制度，在电商诚信建设中"平台"是最主要的抓手，企业要自觉承担起主体责任，引导平台各方的行为规范、诚实守信；二是利用大数据技术，建立数据资源，加快建设中国特色电商征信和评级业务体系，做好制度的顶层设计，集成平台交易数据、商户信用数据、政府监管数据和公共网络平台数据，探索建立统一的信用信息平台，并鼓励发展第三方信用评级机构；三是强化诚信信息的应用，进一步健全诚信公示制度，完善失信和守信行为的奖惩机制，拓展电商诚信监督渠道。

如何建立一个诚信的电商环境？大数据给出了大智慧，阿里诚信体系值得借鉴，其特色体现在以下四个方面。

1. 建立海量诚信信息数据库

阿里诚信体系有大约3亿实名用户，覆盖近一半的中国网民，涵盖购物、支付、投资、生活、公益等上百种场景，每天的PB级数据相当于5000个国家图书馆的信息量。数据包括商家的身份信息及发布的信息；支付宝实名认证创造性地使用"双因子"认证方式对个人身份进行认证；消费者对每一笔交易的评价记录，即详细的卖家评价体系（DSR），让消费者对卖家的商品描述真实性、服务态度进行评价,确保在虚拟环境中交易的每个人的真实性;不正当竞争、违规价格促销等都会被记录在案。这里的每个商家都是真实存在的、可以追根溯源的。

2. 快速的数据处理及信用评价

淘宝网建立了以星、钻、皇冠等为等级和标识的商家信用等级体系,并标注在商家网店显著的位置,供消费者参考;阿里建立"淘宝小贷",通过对贷款客户下游订单、上游供应商、经营信用等进行全方位评估,就可以在没有见面的情况下给客户放款,这当然是依靠对阿里平台上大数据的挖掘。数据来源于"聚石塔"——一个大型数据分享平台,它通过共享阿里旗下各个子公司(淘宝、天猫、支付宝等)的数据资源来创造商业价值。这款产品就是大数据团队把淘宝交易流程各个环节的数据整合,然后基于商业理解对信息进行分类储存和分析加工,并与决策行为连接起来产生的。同时,阿里还利用"互联网纯信用贷款"模式,用大数据助推互联网金融。小微企业在申请小额贷款的时候,阿里诚信体系几秒钟之内就能作出判断。支付宝记录所有商家和用户的一切行为细节数据,其后台有一套体系进行测算。没有任何担保、抵押,支付宝就可以办贷款手续,因为对方的信用是在什么范围内,这套体系已经算好了。

3. 开放的数据源

一方面,阿里与其他企业开展合作,对有限制的数据结果进行分享,并将阿里对用户信用评估的结果应用在外部场景中,如与百合网合作,将阿里巴巴平台上的个人信用评分用作百合网会员诚信度的参考标准之一;另一方面,阿里积极与政府机构合作,共同建设社会诚信体系。截至目前,阿里已与浙江省政府、杭州市政府等多个政府部门一起开展诚信建设方面的合作,合作涵盖公安、工商、质监等多个领域。一套有效的信用等级评价体系能让网络诚信"落地"。"诚信通"给每个商家建立诚信档案,将商家每一笔交易都记录在诚信档案中,诚信档案向所有用户开放,客户都可以查询。淘宝网建立以星、钻、皇冠为等级和标识的商家信用等级评价体系,客户可以通过查看其他消费者对店铺商品的评价作出选择。全民动员、全民参与让信用等级评价体系更开放、更高效。

4. 数据监控

阿里从业务发展之初，就开始摸索对网上交易出现的非诚信行为进行遏制和打击的手段，着手建立一系列监控网上行为的措施，识别可能出现的非诚信商家和行为，进行"惩恶扬善"。阿里安全团队以大数据技术为基础，投入巨大资源，建立庞大、复杂的技术监控体系，实时监控各种异常行为的发生，并进行处置。打击的行为包括欺诈、账户盗窃、违反知识产权、售卖假冒伪劣商品、售卖国家法律禁止或限制销售的商品、违法发布信息等多种不诚信行为。阿里一直坚信"诚信等于财富"，对诚信行为采取多方面的鼓励措施，将信用体系积累的信用等级直接融入业务流程的设计之中，利用商家搜索排序机制、流量分配机制、营销活动参与机制等，坚持让信用好的商家获得更多更好的商业资源，使信用与商业价值高度关联，促使商家真正将信用视作生命一样去重视和维护。

阿里的诚信体系已经远远超出了商业的范畴。一是法律层面，由七大体系组成的阿里诚信体系，形成了行业内的基本规则，为我国电商诚信体系的法律推进积累了实践经验。二是道德层面，阿里不仅为广大商户提供了一个实现支付的行业平台，而且确立了一种"让诚信的人先富起来"的商业伦理。三是技术层面，阿里始终紧跟时代的步伐，把大数据作为继平台、金融之后发展的又一战略，思考谋划对现有和未来数据的挖掘和使用。"惩恶扬善机制"是保障诚信的关键。阿里基于其"一达通"外贸综合服务平台推出的中小企业纯信用贷款产品，主要是利用大数据作为企业诚信凭证，用互联网调动传统银行的资本为信用可靠的中小企业服务。用信用换财富，企业在一达通平台上交易时产生的数据，是外贸企业的信用凭证，也是网商贷高级版的基础。

总之，电商物流行业要抓住互联网、大数据技术进步的机遇，分享改革开放的红利，通过协同增强物流发展的活力，要在数字经济蓬勃发展中，提升电商物流的服务能力。电商物流只有运用内部整合盘活、外部互联互通的"协同思维"，加强政、产、学、研各方的协同联动，搭建起生鲜农产品物流平台，才能具备生鲜农产品全供应链的服务能力。在电商物流协同理念下，随着生鲜农产品电商物流协同模式的提出，可以利用生鲜农产品电商物流大数据资源，建立"看得见"的质量安全追溯平台、仓配一体化配送平台，完成物流与行业、物流与供应链中各企业之间的协同，同时，也使生鲜农产品电商 B2C 平台完成电商企业与消费者之间向"以数据形式面对面"物流协同模式、消费模式的转变。数据预测更充分地发挥电商企业信息聚合挖掘能力，实现企业大规模按需供应与消费者个性化需求的有机协同，引导生鲜农产品电商物流更加高效地为消费者提供更安全优质的生鲜农产品和更满意的物流服务。

11 生鲜农产品电商物流协同发展对策建议

无论是从成本、时效还是服务质量控制等角度考虑，理想的生鲜农产品电商物流应该是干线运输集中、卖家商品的分布式仓储离消费者最近、同城或本地配送最快的。而要能够在全国范围内有效实施商品的分布式仓储（考虑商品分布、库存控制等一系列复杂问题），需要生鲜企业拥有对于自身供应链布局的谋划、掌控与管理能力。配送和仓储都是重要环节，仓储离客户越近，配送的成本就越低。抛开间接协同对象，从供应链直接影响来看，生鲜农产品电商物流协同的主要对象一是与电商平台、供货商间的协同，二是与末端消费者的协同。因此，从企业角度和消费者角度提出以下几点建议。

11.1 基于企业角度的几点建议

11.1.1 短链、协同、共赢共生将成为生鲜农产品电商全产业链物流追求的目标

从整个生鲜农产品电商物流协同发展趋势看，一是减少冷链物流环节，提高物流效率。短链仍然是大方向，对短链的要求不是比谁快了，而是看在整个供应链，从起始端到终端，为社会节约了多少成本，减少了多少搬运次数、缩短了多少搬运时间。二是协同将为生鲜农产品电商冷链物流赋能，降低成本。协同是奔着创新去发展的，和物流相关的就是要做到协同预测、协同库存、协同排产、协同运营的全链路协同化。三是共赢共生。生鲜农产品电商供应链上的所有参与者由竞争转向协同共赢状态。供应链上的大数据、基础设施等都会向商家、消费者开放，最终会形成全产业链协同共赢共生的状态。

11.1.2 分布式仓储协同"干线冷链＋区域前置仓配一体化"将成为自营物流电商降本增效的法宝

对于以自营物流模式为主的生鲜农产品电商企业，分布式仓储协同"干线冷链＋区域前置仓配一体化"将成为其降本增效的法宝。基于分布式仓储，首先在供给侧前端，协同国外或国内生鲜农产品产地，建立产地仓，产地仓会有预冷、包装、分选、加工等功能，产地仓的出现大大降低产端损耗。然后经过各环节协同，从产地或供应商的产地仓直接把货运到全国区域分发中心（区域大仓），再从全国区域分发中心运输到区域前置仓或者是便利店，由前置仓或便利店供货给消费者，所有的商品会通过大数据协同到离客户最近的仓里，这样才能够做到第一时间送达，以尽量减少商品在空间上的无效流动，从而降低成本。这些仓库或自建自营，或外包托管，存放的商品或自有，或寄售。

11.1.3 建立电商自有的"实体＋虚拟"的协同"立体式"仓储网络体系

非自营物流模式的生鲜农产品电商企业需要社会化物流所提供的"云仓储"服务，建立"就近仓储＋本地配送"的"仓配一体"协同服务，形成一个属于自己的"实体＋虚拟"的协同"立体式"仓储网络体系。即 N 个物流公司在 N 个城市的 N 个地点，提供能够分别适合 N 种不同商品存储的 N 个物理仓库；每一个物理仓库又被划分成 N 个逻辑子库，同时为 N 个电商企业提供时效快、有保障的"就近仓储＋本地配送"的"仓配一体"服务。电商企业可以根据自己的实际情况，在方便易用且多元化的公共电商平台（淘宝、京东等）或私有官网商城，开设属于自己的 N 个网店，接收来自全国各地的海量买家订单；选择"云仓储"协同服务，以低廉的成本、便捷的方式，依据买家订单来源地的数据分析，迅速实施或调整在 N 个目标城市的分仓布局，形成一个属于自己的"实体＋虚拟"的协同"立体式"仓储网络体系。

11.1.4 建立订单处理与物流作业的全过程协同下的可视化、透明化体系

生鲜农产品电商企业的相关人员通过协同中心，可随时监控、管理订单流向，实现订单处理与物流作业的全过程协同可视化、透明化，并及时采取补救措施。建立在规则算法分析基础之上的自动订单协同技术，可以把任意平台来源的海量网上订单实时、自动、准确地推送到距离买家最近的具有"商品可用量"的仓库。物流公司的仓库作业人员可以同时为 N 个电商企业处理来自 N 个平台的订单，及时、高效、准确地完成发货任务。最终实现整个订单处理与物流作业的全过程协同可视化、透明化，电商企业的相关人员可管理、可监控，出现意外情况可随时实施干预。

11.1.5 建立现代供应链计划与库存协同控制技术，做到供需平衡

基于内外部数据资源协同管理，建立现代供应链计划与库存协同控制技术，利用集中配送解决成本过高问题。由于冷链物流成本较高，因此加强共同配送可相应地降低成本。例如，多个物流公司协同共用同一冷库和制冷设备，不同物流公司可将同一区域的物流订单统一送货，并在同一区域共用一个网点等，这样可以降低仓储成本、缩短投资回收期，也可以提高冷藏车装载率、节省冷链物流处理空间和人力资源。基于内外部数据资源协同管理，建立现代供应链计划与库存协同控制技术，每个电商企业都能够实时生产、监测市场需求，实时监测市场需求变化，并及时做出适当的反应，使每个电商企业都能应对分仓数量众多所带来的管理难度，实现商品需求与供应在总量与结构两方面的平衡，达到商品的有序流通，降低库存风险，提高订单交付的及时率与满意度。

11.1.6 建立农资农产品双向协同流通渠道

依托电商强大的线上网络和线下资源协同，构筑农村电商生鲜农产品上行，农资、日用消费品的下乡流通渠道，提高生鲜农产品电商流通网络"双向流通、双向开拓"的协同功能，实现"一网多用"，减少电商物流资源浪费，增加利润点。

11.2 基于消费者角度对生鲜农产品电商物流协同的几点建议

根据消费者的需求逻辑，购买生鲜主要满足几个要求：一是能买到物美价廉的优质商品（新鲜、性价比高）；二是能够更快完成购物或寻找信息（便捷省时）；三是网购生鲜品类丰富，可选择机会多；四是其他（如便捷送礼）。电商企业可根据这些消费诉求组织优质丰富的货源，通过完善的物流体系（全程冷链）提供给消费者，让消费者通过体验满足个性化需求（见图11-1）。生鲜农产品电商企业为了满足消费者需求，就要做到以下两点：一是组织丰富的优质货源；二是以最快的速度送到消费者手中。在此过程中的服务包括订单服务和物流服务。因此从消费角度讲，以标准化保证产品质量和渗透率、以规模化摊薄物流成本、以品牌化实现高溢价、以多元化解决消费者痛点与触点，将是生鲜农产品电商行业发展的四大突破口。

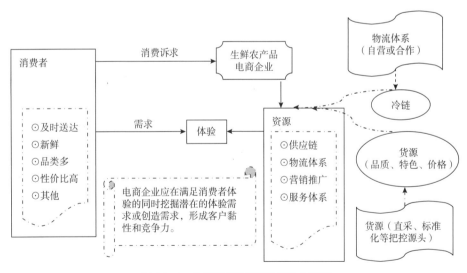

图 11-1　生鲜农产品消费者需求逻辑

根据亚马逊提出的"飞轮理论"，生鲜农产品电商生态链是可以从任何一个点开始却没有终点的闭环循环（见图11-2）。要使电商物流与末端消费者实现有机协同，有以下建议。

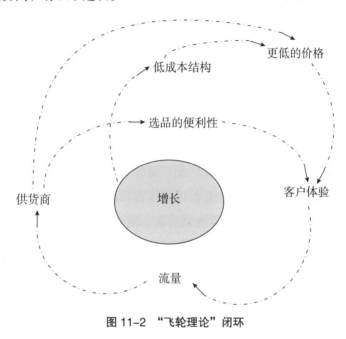

图 11-2 "飞轮理论" 闭环

11.2.1 协同消费需求，提升首购率和复购率，以提高网购生鲜 规模、降低单位订单物流成本

生鲜农产品相对其他消费品类，是消费者进行消费升级意愿较高的品类。本次调研发现，经常光顾生鲜农产品电商的消费者平均年龄为 36 岁，分布相对均衡，这说明生鲜网购已经不仅属于年轻人，20~50 岁人群都属于购买主力，只要有经济条件，年龄已经不是购买障碍。随着国内信息化程度的不断提升，以及越来越多的 80 后、90 后开始组建了自己的家庭，尤其是懒人市场经济规模逐渐扩大，这些人每天忙于上班，去超市、菜市场购买生鲜农产品的频率越来越低，对于生鲜农产品电商的接受度、认可度也比较高，他们同时需要更专业、值得信赖的产品和服务，以及创新的生活解决方案。

因此，用优质的客户体验培养消费者网购生鲜的消费习惯，提升首购率和复购率，以扩大网购生鲜规模来降低单位订单物流成本。要培养消费者，必须让消费者有好的客户体验。生鲜农产品电商在做好生鲜农产品供给层面上的协同工作之外，作为卖家，还要实时协同消费需求，为消费者提供更好的客户体验。

一是利用初体验将消费者吸引过来，提高首购率，因此必须试图让消费者在卖场看到产品的瞬间便与品牌形象联系起来。这需要做到市场细分、找到目标人群，再进行市场定位，设计新颖的店面形象，让消费者进行线上消费初体验；同时生鲜农产品要有良好的品相，有明确的采收时间、采收地点，有质量证明，从而增加可信度，让消费者产生购买欲望。①提供促销活动：实时提供促销活动，提升人气，增加订单数量，当然，最好的方式是根据被购买的商品提供相关促销活动。②开通游客结账方式：消费者多半不愿意设立账户进行注册，让消费者可以通过游客结账的方式下单和结算，对于增加成交量大有裨益。③提供某价格内免运费服务：消费者都爱免运费服务，选一个高于平均订单值的额度来提供免运费服务，这么做可以提高消费的总值，抵消运费成本。

二是提升消费者接收货物的终体验，让消费者产生再次购买的欲望，增加复购率。然而要让消费者愿意重复购买，则必须了解他们再次接触商品时的感受，能否抓住再次购买的诱因非常重要。首先是优质产品、优质冷链物流的呈现。其次是如拆包裹的喜悦感，产品解读、辅助物料、温馨卡带来的趣味感和亲切感，产品拆解及使用工具的贴心感，赠送礼品及物流配送的快捷程度、服务态度满意感等。这些可以维持老客户，吸引新客户，提高购买频率，培养越来越多的客户，养成几代人的生鲜网购习惯，实现生鲜农产品电商的良性可持续发展。

11.2.2　提升产品的附加值和订单量，以提高订单单价、降低配送成本占比

生鲜冷链配送成本较高，如果订单单价太低，分摊物流配送成本占比大，这是消费者不愿意看到的，那么鼓励消费者多买产品，或购买高单价产品，增加订单单价就成为商家的目标。一是电商企业要丰富产品类别，通过购买量的增加来提高订单单价。比如增加"美食配菜包""礼品包"品种，并配以烹饪食谱，帮助消费者解决无暇购买、清洗食材但又渴望在家吃饭的痛点。这种复合类产品对于平台电商更具优势，太单一的产品无法提高订单

单价，只有复合类产品才有潜力。二是根据消费人群，适当增加优质高端产品，通过提高产品的附加值来提高订单单价。比如，推动节假日"异地购"服务，做大做强假日品牌。提高进口生鲜品类，如太平洋东岸的智利车厘子，阿根廷红虾，乌拉圭牛腩，澳大利亚、新西兰的牛肉等"洋"品种。其中进口牛肉与进口虾类销售额占比超过 20%，是最受欢迎的进口生鲜。三是电商平台除采集常规数据源外，还整合社交媒体等新型数据源。通过各种数据采集工具获取消费者的海量数据信息，对消费者基本信息、消费习惯、兴趣爱好、健康状况、关系网络行为等数据进行挖掘、快速分析，进行跨平台和跨终端整合，实现精准推荐、精准促销、精准优惠组合、精准定价和精准客户流失预警，为消费者匹配更加精准的"喜欢"商品。同时开展主动营销策略，提高商品主动购买机会，实现整个电商价值的提升，以"数据驱动"实现精准营销。四是适时推出优惠策略。如提供评分意见栏，征求消费者对销售产品的意见与评分，刺激消费者热情。提供大订单奖励机制，高于平均值的订单可享受免运费或打折优惠。赠送免费商品，购买高价值产品加送物美价廉、实用的赠品。免费注册，零售商常用这一招，它不仅增加平均订单量，更是放长线钓大鱼，为长期收益做打算。

11.2.3 协同增加更多的消费触点，"数据化"与"多点触控"融合，降低物流成本

　　生鲜在线上被称为"最后一片蓝海"，在线下素有"超市灵魂"之称。但无论是线上线下，真正做成功的并不多见，很多商家钟情于生鲜更多是看重它聚客引流的能力，至于盈利，不少人寄望于"羊毛出在猪身上"。任何店面、任何营销设计都应在业态发展的基本规律中进行，沿着消费者希望的方向进行，如果仅从自己的想象出发，为标新立异而创新，其结果很可能就是创造"伪需求"，消费者不会买账，顺丰嘿客的失败就是前车之鉴。

　　事实上，在生活中，每一次消费体验都包含了一个或者一系列品牌的接触点，而每一个品牌接触点都在传播着品牌信息，同时都会或多或少地影响着消费者的购买决策。电商企业可以进一步研究消费者接触点管理，吸引更多的消费者。在移动互联网时代，每个消费者的各种购物、生活行为，都是

可以被记录与追踪的，这就是移动时代人的数据化。将"数据化"与"多点触控"融合，掌握每一个终端用户的消费行为，并将之上传至大数据平台，进行集中处理。对于用户消费接触点的把握主要通过两个链条来实现：一是购物行为本身的流程链条；二是生活服务流程链条，在移动和 O2O 消费场景中，即日常生活中的吃、住、行、游、购、娱。电商企业通过高德地图、美团、手机淘宝等 App，寻求生活服务流程链条上的完整性和闭合性，也可以通过产品的布局来保证与用户生活购物时的各种消费相关的部分都有所接触，用更多的接触点创新引领消费，增加订单规模，从而降低物流成本，使生鲜农产品电商更具便捷性。

　　总之，从消费者调研结论发现，在生鲜农产品电商中，消费者关心的不仅是购买方式的便捷，更是购买的成本、产品的质量和物流服务的品质。电商物流只有与消费需求有机协同，才能为生鲜消费者提供更安全的生鲜农产品和更满意的物流服务，才可以引领消费升级与时代潮流，使人们的消费理念和消费方式得到进一步提升，这样的电商物流才是真正的赢家。

11.3　总结与展望

　　本书相关课题研究历时两年。研究本着分析消费者需求—深究痛点—破解痛点的总体思路，以生鲜农产品电商物流为研究对象，以实证为研究方式，在生鲜农产品特性、配送物流、消费者满意度、营销等方面深入分析当前生鲜农产品电商物流发展中存在的问题，探究生鲜农产品电商物流体系的构成要素，协同各方优势，提出全产业链供应链下以大数据为基础的生鲜农产品电商物流协同模式。其中，主要体现以下创新：一是提出全产业链供应链视角下的生鲜农产品电商物流协同模式。二是短链、协同、共赢共生将成为生鲜农产品电商全产业链物流追求目标。三是对于以自营物流模式为主的生鲜农产品电商企业，分布式仓储配合"干线集中化冷链＋区域前置仓配一体化"将成为降本增效的法宝。四是非自营物流模式的生鲜农产品电商企业需要社会化物流所提供的"云仓储"服务，建立"就近仓储＋本地配送"的"仓配一体"服务，形成自有"实体＋虚拟"的协同"立体式"仓储网络体系。五是从消费视角出发，根据亚马逊提出的"飞轮理论"，生鲜农产品电商生态链可以从任何一个点开始，但没有终点。六是电商企业可以进一步研究消费者接触点管理，增加更多的消费接触点，"数据化"与"多点触控"融合，降低物流成本，使生鲜农产品电商更具便捷性。

参考文献

［1］韩俊德，杜其光.物联网技术在生鲜农产品配送中的应用［J］.中国流通经济，2015，29（12）：54-60.

［2］张天琪.农产品物流管理与实务［M］.北京：中国财富出版社，2013.

［3］胡坚，毕红秀.电商物流发展及其运作模式分析［J］.物流技术，2015，34（13）：32-34，50.

［4］杨慧，吴志军.市场营销学［M］.北京：经济管理出版社，1997.

［5］L.G·希夫曼，L.L·卡纽克.消费者行为学［M］.7版，俞文钊，肖余春，等译.上海：华东师范大学出版社，2002.

［6］谢名良.消费者视角下生鲜农产品网购意愿及影响因素分析［D］.福州：福建农林大学，2016.

［7］赵洋.消费者认知努力对线上线下购后后悔强度的影响［J］.商业经济研究，2015（26）：57-59.

［8］毛平，陶玲，戴建华.基于消费者特质的冲动性网购行为影响因素实证研究［J］.商业经济研究，2016（22）：46-49.

［9］茅淑桢.消费者需求下时尚产业与电子商务的融合发展［J］.商业经济研究，2017（6）：204-206.

［10］张昊宇.基于"互联网+"的传统行业与互联网整合研究——以消费者需求重构为视角［J］.商业经济研究，2015（32）：68-70.

［11］吴春霞.消费者网上购买生鲜农产品意愿及影响因素研究［J］.现代商业，2014（13）：59-60.

［12］陈湘青，余以胜.O2O电子商务消费者信任模糊综合评价［J］.企

业经济，2015，34（7）：110-114.

［13］林家宝，张蓓.C2C农产品电子商务消费者购买意愿实证研究［J］.广东农业科学，2012，39（16）：213-216.

［14］倪红耀.B2C电子商务消费者重复购买影响因素研究——基于结构化方程模型的实证研究［J］.消费经济，2013，29（3）：60-64.

［15］吴丹.电子商务生鲜农产品供应链协调机制研究［D］.武汉：武汉轻工大学，2014.

［16］周沛.生鲜农产品电子商务障碍性因素分析与对策研究［D］.保定：河北农业大学，2015.

［17］姚斌.生鲜农产品O2O运作模式的研究——以O2O便利店为例［D］.杭州：浙江工业大学，2015.

［18］李博.生鲜电商行业发展研究［D］.北京：中国社会科学院研究生院，2014.

［19］靳博睿.生鲜电商的品牌营销策略分析［J］.中国市场，2016（27）：39-40.

［20］罗红梅.电商生鲜品冷链物流运作及风险控制研究［D］.曲阜：曲阜师范大学，2014.

［21］罗蓉.电子商务背景下的生鲜农产品冷链物流绩效评价研究［D］.武汉：华中农业大学，2014.

［22］赵冕.生鲜产品电子商务模式研究［D］.青岛：中国海洋大学，2015.

［23］冯佳，郑文岭.生鲜电商物流模式研究［J］.物流科技，2016（7）：63-65.

［24］魏国辰.电商企业生鲜产品物流模式创新［J］.中国流通经济，2015，29（1）：43-50.

［25］王勇胜.生鲜电子商务物流配送模式研究［D］.郑州：河南工业大学，2014.

［26］龙安迪.生鲜农产品网购服务质量影响因素研究［D］.贵阳：贵州师范大学，2016.

［27］谢名良.消费者视角下生鲜农产品网购意愿及影响因素分析——基于福州市调查［D］.福州：福建农林大学，2016.

［28］白雪玑.基于生鲜电商视角的冲动性购买意愿影响因素研究［D］北京：北京交通大学，2016.

［29］肖哲晖.电子商务环境下生鲜农产品消费者信任研究［D］.武汉：华中科技大学，2015.

［30］陈涛，史薇.基于消费者在线评论的顺丰优选水果物流风险评价［J］.物流技术，2015，34（19）：87–90.

［31］何德华，韩晓宇，李优柱.生鲜农产品电子商务消费者购买意愿研究［J］.西北农林科技大学学报（社会科学版），2014，14（4）：85–91.

［32］韦潇竹，郑华庭.水果生鲜电商市场竞争分析、消费者分析及发展策略［J］.市场周刊（理论研究），2016（8）：74–76.

［33］贾兆颖，王哲璇，张金乐，等.美国、英国、日本生鲜电商行业发展模式对中国的启示［J］.世界农业，2016（8）：39–42.

［34］吴传淑.国外生鲜电商发展模式探析［J］.世界农业，2015（5）：136–138，150.

［35］高山隆司.电商成功靠物流［M］.郭琼宇，董雪，译.北京：中信出版社，2016.

［36］胡坚，毕红秀.电商物流发展及其运作模式分析［J］.物流技术，2015，34（13）：32–34，50.

［37］刘刚.生鲜农产品电子商务的物流服务创新研究［J］.商业经济与管理，2017（3）：12–19.

［38］石妍.京东商城自营物流模式浅析［J］.时代金融，2016（35）：371–372.

［39］郝姿容，杨瑾.国内大型电商自建物流时机选择研究［J］.常州大学学报（社会科学版），2015，16（6）：41–46.

［40］孙淑会.电商自建物流需"量体裁衣"［J］.新远见，2013（Z1）：45–47.

［41］付永军.电商自建物流：变瓶颈为竞争力［J］.销售与市场（管理

版），2012（3）：40-42.

［42］李金旭，吕书林．高校大数据平台的建设意义［J］．中国市场，2017（15）：311-312.

［43］王明葆．大数据在许鲜网 O2O 模式中应用的系统动力学分析［J］．物流技术，2016，35（2）：151-155，176.

［44］李洁．生鲜电商盈利模式比较及优化策略［J］．商业经济研究，2018（12）：97-99.

［45］唐铮．体验经济下宁波市电商物流协同发展研究［J］．特区经济，2015（2）：57-59.

［46］张雪梅，胡晓青．宁波市跨境电商物流协同创新研究［J］．现代营销（下旬刊），2016（12）：158-160.

［47］吴守学．跨境电商物流协同缺失与实现路径［J］．商业经济研究，2018（9）：101-103.

［48］刘靖，冯森洋．互联网＋背景下湖北农村电商物流的协同发展研究［J］．物流工程与管理，2018，40（11）：38-39.

［49］吴可量．电子商务与物流协同发展研究［J］．现代商业，2017（3）：21-22.

［50］段余君．跨境电商物流产业链协同发展对策与建议［J］．黑龙江纺织，2017（2）：35-39.

［51］余建海．供应链协同下生鲜电商物流发展研究［J］．合作经济与科技，2017（22）：100-101.

［52］李正军，李青桁．电商物流同城配送与城市公交系统协同发展路径研究［J］．湖南工业大学学报（社会科学版），2015，20（2）：24-29.

［53］杨成明．需求层次理论视野下农民工市民化的发展困境及对策［J］．继续教育研究，2017（11）：28-31.

［54］赵洋．消费者认知努力对线上线下购后后悔强度的影响［J］．商业经济研究，2015（26）：57-59.

［55］毛平，陶玲，戴建华．基于消费者特质的冲动性网购行为影响因素实证研究［J］．商业经济研究，2016（22）：46-49.

［56］周燕，商平平．B2C 网络平台在线评论对消费者购买决策的影响［J］．商业经济研究，2018（22）：66-68.

［57］刘建刚，韩楠，张美娟，等．生鲜电商平台消费者购买决策影响因素实证研究［J］．常州大学学报（社会科学版），2018，19（6）：38-46.

［58］王渊，张彤，陈立军，等．基于资源依赖理论的供应链联盟成因分析及其发展策略［J］．科技进步与对策，2006（4）：173-176.

［59］王潇，陈晔，李中．关系质量的理论发展与研究展望［J］．商业经济研究，2016（10）：54-58.

［60］杨立新．物流合理化途径——商、物分离［J］．市场周刊（新物流），2006（11）：29.

［61］吴洁，彭其渊．基于粗糙集理论的物流时间—质量—成本效益背反管理方法研究［J］．软科学，2008（8）：43-47.

［62］谢庆红，曾国平．物流"效益背反"陷阱的产生及对策［J］．科技管理研究，2005（9）：261-262，276.

［63］王之泰．漫谈物流"第三利润源"［J］．中国储运，2018（6）：35.

［64］彭纪生．中国技术协同创新论［M］．北京：中国经济出版社，2000.

［65］洪涛，张传林，李春晓．我国农产品电子商务模式发展研究（上）［J］．商业时代，2014（16）：59-60.

［66］张力．垂直生鲜电商商业模式的构建研究［J］．中国商论，2015（18）：40-43.

［67］孙瑞者．生鲜电商物流模式优化策略探讨［J］．商业经济研究，2018（18）：110-112.

［68］徐广姝．基于粗糙集的电商物流服务质量评价应用研究——以生鲜农产品电商为例［J］．中国流通经济，2019，33（7）：35-44.

［69］张蓓，盘思桃．生鲜电商企业社会责任与消费者信任修复［J］．华南农业大学学报（社会科学版），2018，17（6）：77-91.

［70］申风平，党源源．大数据在生鲜电商供应链中的应用研究［J］．江苏商论，2016（10）：18-21.

［71］李伟春，孙亮，闫子彤．生鲜电商云物流平台构建［J］．商业经济

研究，2017（13）：78-79.

　　［72］方建生 . 大数据视角下生鲜电商与农产品电商发展分析［J］. 农业展望，2018，14（5）：92-95.

　　［73］夏静波，肖艳 . 社会协同趋势下电商物流大数据发展趋势研究——以"双十一"、"6·18"为例［J］. 商业经济研究，2019（10）：90-92.

　　［74］徐青青，缪立新 . 区域物流协同内涵及模式研究［J］. 科技进步与对策，2007（1）：94-97.

　　［75］齐秀辉，张铁男，王维 . 基于生命周期企业协同能力形成的序参量分析［J］. 现代管理科学，2009（11）：81-82.

　　［76］谢磊，马士华，桂华明，等 . 供应物流协同影响机制实证分析［J］. 科研管理，2014，35（3）：147-154.

　　［77］武淑萍，于宝琴 . 电子商务与快递物流协同发展路径研究［J］. 管理评论，2016（7）：93-101.

　　［78］杨路明，施礼 . 农产品供应链中物流与电商的协同机制［J］. 中国流通经济，2019，33（11）：40-53.

　　［79］黄泰轲 . 责任消费理念的伦理意蕴［J］. 道德与文明，2019（2）：139-145.

　　［80］李桂花，高大勇 . 开启绿色消费新篇章——如何践行绿色消费理念［J］. 人民论坛，2018（29）：84-85.

　　［81］杜志琴 . 欧美生鲜农产品电子商务运营模式创新做法及启迪［J］. 对外经贸实务，2016（7）：72-75.

　　［82］程艳红 . 美国生鲜电子商务模式研究［J］. 世界农业，2014（8）：76-79.

　　［83］埃里克·西格尔 . 大数据预测——告诉你谁会点击、购买、死去或撒谎［M］. 周昕，译 . 北京：中信出版社，2014.

　　［84］郭晓科 . 大数据［M］. 北京：清华大学出版社，2013.

　　［85］赵国栋，易欢欢，糜万军，等 . 大数据时代的历史机遇——产业变革与数据科学［M］. 北京：清华大学出版社，2013.

　　［86］涂子沛 . 数据之巅：大数据革命，历史、现实与未来［M］. 北京：

中信出版社，2014.

［87］维克托·迈尔－舍恩伯格，肯尼思·库克耶.大数据时代——生活、工作与思维的大变革［M］.盛杨燕，周涛，译.杭州：浙江人民出版社，2013.

［88］张天琪.大数据时代农产品物流的变革与机遇［M］.北京：中国财富出版社，2015.

［89］张天琪.大数据助力农产品精准生产［J］.北方园艺，2018（4）：197-202.

［90］张天琪.互联网＋生鲜农产品电子商务的大数据策略研究［J］.特区经济，2018（1）：103-105.

［91］张天琪，陈国松，李昌茂，等."互联网＋"农产品供应链实证分析——以平谷"鑫桃源"电商供应链为例［J］.中国市场，2019（9）：22-24.

［92］王崇，刘健，吴价宝.网络环境下消费者感知效用模型的构建与研究［J］.中国管理科学，2011，19（3）：94-102.

［93］沈坤华.生鲜电子商务发展的对策［J］.经济研究导刊，2013（26）：193-194.

［94］HELLIER K P，GEURSEN M G，CARR A R，et al. Customer repurchase intention：a general structural equation model［J］.European Journal of Marketing，2003，37（11/12）：1762-1800.

［95］PARASURAMAN A，ZEITHAML V，BERRY L. Servqual：a multiple-item scale for measuring consumer perceptions of service quality［J］.Journal of Retailing，1988，64：12-40.

［96］MALONE T W，CROWSTON K. The interdisciplinary study of coordination［J］.ACM Computing Surveys，1994，26（1）：87-119.

［97］SIMATUPANG M T，SRIDHARAN R. A benchmarking scheme for supply chain collaboration［J］.Benchmarking: An International Journal，2004，11（1）：9-30.